共享经济新浪潮

共享、模式、经济

华 韵/编著

GONGXIANG JINGJI XINLANGCHAO

新 华 出 版 社

图书在版编目（CIP）数据

共享经济新浪潮 / 华韵编著. — 北京：新华出版社，2017.10
ISBN 978-7-5166-3578-0

Ⅰ. ①共… Ⅱ. ①华… Ⅲ. ①商业模式—研究 Ⅳ. ①F71

中国版本图书馆CIP数据核字（2017）第264481号

共享经济新浪潮
编　　著：华　韵

责任编辑：张永杰　　封面设计：木　子

出版发行：新华出版社
地　　址：北京市石景山区京原路8号　邮　　编：100040
网　　址：http://www.xinhuapub.com
经　　销：新华书店
购书热线：010-63077122
中国新闻书店购书热线：010-63072012

照　　排：宇　天
印　　刷：三河市天润建兴印务有限公司
成品尺寸：170mm×240mm
印　　张：17　　字　　数：200千字
版　　次：2017年12月第一版　　印　　次：2018年1月第一次印刷

书　　号：ISBN 978-7-5166-3578-0
定　　价：49.80元

前言

“共享经济”这个词可能让人感觉有些陌生。但是，随着国内的滴滴和国外的Uber、Airbnb、Lyft、Lending Club等企业的崛起让“共享经济”一词异常火热，作为共享经济最具代表性的滴滴、Uber和Airbnb分别为出租车业和酒店业带来了革命性的改变，也让人们看到了共享经济在未来的巨大潜力。共享经济这种新的经济模式并不只会在出租车业和酒店业发挥作用，利用人们业余时间和空间的特点，它几乎可以渗透到各个行业。

共享经济最早在美国于2008年兴起，是利用闲置的房源、车辆、时间、技能服务等进行共享，进而产生经济价值。

什么是共享经济？从微观层面上说，共享经济就是人们把自己闲置的资源拿出来与他人分享，并相互获益的一种行为；从宏观来看，它是这种微观行为产生的新的经济形态。它有两大先决条件：产能过剩的经济形势和移动互联网技术。

如今，我们正在步入共享经济的黄金时代，人们会越来越多地认识到分享过剩资源的意义与重要性，致力努力挖掘平台与个

人的重要价值。“共享”二字蕴含着无限大的想象空间，而这本书能帮助我们抓住其中的机会。

我们一定要利用云计算、大数据、宽带网络与智能终端这四种力量的聚合，催生着“共享经济”的新形态。它改变着我们传统的“拥有”“产权”等核心观念，转变为“使用”“信用”“合作”。“共享平台”“人人参与”改变着我们的政府、企业与人的角色，冲击着现有社会的分工和监管。

当然，在瞬息万变的互联网时代，我们要时常摇响头脑中的警铃。关于“共享经济”，有四个不可回避的问题：

1. 它是否存在泡沫？风投们到底怎么看待它？

2. 它如何实现品质和风险的良好控制？

3. 它怎么解决法律问题？

4. 美好之余，我们在它身上是否付出了太高的社交成本？

读完本书，你会发现，人们已经为此思考了很多，但答案尚未完全浮出水面，还有待于我们在后续出版的与共享经济有关的书中去一一发现。

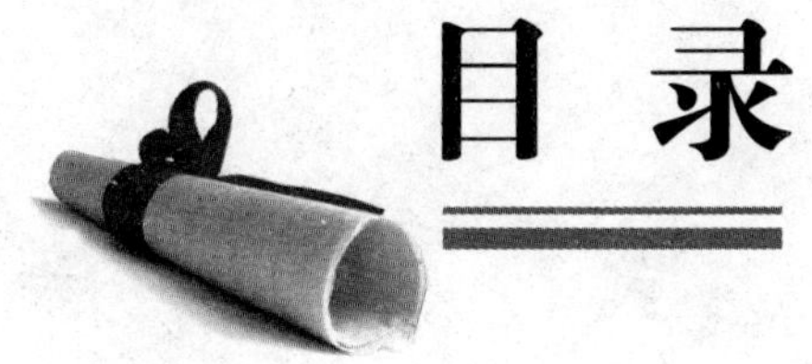

目录

第一章　共享经济

“共享经济”从狭义来讲，是指以获得一定报酬为主要目的，基于陌生人且存在物品使用权暂时转移的一种商业模式。共享经济的本质是整合线下的闲散物品或服务者；目前共享经济龙头已现；共享经济将成为社会服务行业内最重要的一股力。

第二章　共享经济的思维模式

共享经济源自于一种认知：如果每个人都按自己的兴趣来过日子，那么资源很快会因为物欲而枯竭。于是，在人口激增、资源枯竭的背景下，共享经济应运而生，它意味着一种全新的商业结构。在共享协作的运行机制中，人们不再强调所有权，参与者之间的关系没有建立在所有权和使用权的分配交易上，而是由参与者提供产品或服务的入口，以径直对接需求，实现资源的优化分配。提供入口正提供了一种共享的可能性，不相识的顾客因为入口的开放于是可能相识，“共享经济”一词因此意味着一场可能性的未来。

第三章　共享经济下的新型企业

共享经济成立的两个前提，一是供应过剩的经济，其次是现代人从物质与认知上都有双倍盈余，需要在社会之间进行传统与互动。

第四章　如何制定共享经济规则

共享经济的本质是通过整合线下的闲散物品或服务者，让他们以较低的价格提供产品或服务。对于供给方来说，通过在特定时间内让渡物品的使用权或提供服务，来获得一定的金钱回报；对需求方而言，不直接拥有物品的所有权，而是通过租、借等共享的方式使用物品。

第五章　重构未来新模式

英国商务、企业及能源部长Rt Hon Matthew Hancock说："我们将积极拥抱新的、颠覆性的商业模式。希望更多的企业、挑战者能够加入到这个阵营，为广大消费者提供更新、更好的产品和服务经验。当其他国家和城市的消费者在被剥夺选择的权利，抑或无法自由选择如何利用他们的闲散资源创造价值时，我们将一如既往地拥抱新型的商业模式。"

第六章　共享经济模式的剖析

共享经济的模式通过最大化个人力量，使得企业和政府发挥出筹集大量资本、进行巨额投资的特长，再将这一生产过程标准化，通过一个平台合作，让比较大的机构能够释放个人的潜能。尽管Airbnb和Zipcar都是共享实体商品的平台，这样的形式也可以应用到昂贵、有风险的基础建设上，比如电台、开放数据等等。这样的话，既能使个体表达他们创新性的想法，又能够聚集群体的智慧，整体提高个人和社会的利益。

第一章

共享经济

“共享经济”从狭义来讲，是指以获得一定报酬为主要目的，基于陌生人且存在物品使用权暂时转移的一种商业模式。共享经济的本质是整合线下的闲散物品或服务者；目前共享经济龙头已现；共享经济将成为社会服务行业内最重要的一股力。

什么是共享经济

说到“共享经济”不得不提的是提出“共享经济”概念的鼻祖罗宾·蔡斯女士，罗宾·蔡斯女士提出的共享经济的公式：产能过剩＋共享平台＋人人参与。

以Uber、Airbnb为代表的共享经济模式正在多个垂直领域颠覆传统行业。

首先，目前几乎每个行业都面临产能过剩问题，中国已经从一个所谓的短缺经济走到一个供应过剩的经济。这个前提本身，就给共享经济提供物质基础。

其次，现代人已经在认知上有了双倍盈余，盈余需要分享出去，需要在社会之间进行传导与互助。这样来看，整个共享经济在整个GDP中间、社会整个分布中间占有更大比例。但并非所有行业、所有的业态都适用于共享经济模式。

我认为，要适用于共享经济模式能依据三个标准。以O2O行业为例：

其一，是否能重构体验的颠覆。这种颠覆并非对原有业务的体验进行改良或放大，而是革命性地产生变化。“不是比原有体验好10%或

者50%，而是比原有体验好5倍、10倍。”龚焱说道。

其二，是否能重构商业价值。龚焱重点谈到，整个共享经济的大前提，是建立在碎片化时间以及闲置资产。共享经济模式，是否能够真正释放碎片化时间的价值，是否真正能够释放闲置资产价值是关键。如滴滴打车、Uber都很好地利用了这一点。

其三，是否能重构连接。连接的方式以及连接的成本、连接本身的三个纬度上能够彻底重构。

共享经济模式是眼下最热门的话题。2016年年初，该词语被正式录入牛津英文字典，其定义为：“在一个经济体系中，通过免费或收费的方式，将资产或服务在个人之间进行共享。信息一般以互联网的方式进行传播：多亏了共享经济，你可以在自己的需求得到满足的情况下，将闲置的资产比如汽车、公寓、自行车，甚至Wi-Fi网络出租给他人”。

“共享经济”这个提法来自美国，李克强总理在达沃斯论坛上提出的是分享经济。不管是叫共享经济，还是分享经济，这是时代与经济共同结合的概念。共享经济的核心，我有几点理解：

1.解决社会剩余资源整合和高效利用的问题；

2.解决收入重新分配的合理问题；

3.加强社会关系，重构人与人之间的情感交流；

4.规避风险，防止自由职业者过多导致的社会安全问题。

“共享经济”鼻祖罗宾·蔡斯曾经说过：“因为我们在某个时刻有闲置不用的汽车和房间，可以提供给附近的人使用。我们共同参与到共享经济中来，可以通过贡献个体的力量，让我们获得过去很难获

得的资源。所以你如果有一辆汽车，在闲置的时间将它租出去，从而产生利益，这也是一种创业。这种创业人人都能参与，有人参与才能共享。”

罗宾·蔡斯是共享经济的鼻祖，风靡全球的《共享经济》一书作者，1999年9月，她成功创建汽车共享公司Zipcar。Zipcar的目标是将租车变得简单易行，就像人们从ATM机里取钱一样简单。2013年，Zipcar被汽车租赁服务公司安飞士以约5亿美元的价格收购。2007年，罗宾·蔡斯创立了自己的第二家公司GoLoco，该公司致力于乘车共享业务，虽然这个绝佳的创意以失败告终。但是，罗宾在共享领域的探索仍在继续。2011年，她在法国创立的Buzzcar，使法国700多家私家车车主能够为7万名会员提供服务。2012年，她又在葡萄牙创立了汽车通讯公司VeniamWorks。

在创建Zipcar的过程中，罗宾·蔡斯意识到对于整个气候问题来说，城市中越来越多的汽车、二氧化碳的排放只是一小部分原因。她认为在交通运输方面，自己也许可以有所作为。于是，她开始通过演讲、写作等方式与大家分享人人共享模式在应对气候变化这一重大问题时，在创新、速度及规模方面的巨大潜力，希望号召更多的人加入共享经济的浪潮。

罗宾·蔡斯是商业界的宠儿，收获赞誉无数。《时代周刊》“全球最具影响力的100人”，《商业周刊》“年度十大设计师”，《快公司》“年度50位最具创新精神的人物”。

罗宾·蔡斯还心系世界，是世界知名技术慈善家，是全球最具声望的环保NGO组织世界资源研究所（World Resources Institute）的董

事。

罗宾·蔡斯的畅想：新型合作模式正逐渐取代难搞的旧模式，欢迎来到资源共享者的世界！

显然，共享经济作为一门新生事物，正以其迅雷不及掩耳的速度冲击着我们传统的生活方式。正因如此，创业型企业也在资本市场的推动下，如雨后春笋般地在全球生根发芽。其中最具代表性的是交通行业的国内的滴滴和国外的Uber，还有Airbnb、Lyft、Lending Club等企业。

共享经济在国内有一个更为普遍的叫法是分享经济。共享经济最早在美国于2008年兴起，是利用闲置的房源、车辆、时间、技能服务等进行共享，进而产生经济价值。中国共享经济模式发展迅速，滴滴等成为被公众熟知的共享经济新代表。可以说，共享经济是自下而上推动着经济制度变革，改变了传统商业模式，进而提升了经济运行的效率。

当我们把一个商品的所有权和使用权分开来，同时转让使用权的时候就产生了共享经济理念。利用移动互联网技术及思维以较低的成本满足他人的需求，服务的提供者得到了一部分收入，同时也大大提高了整个社会的福利待遇和生活质量。车辆空余的座位，空余的房间分别产生了Uber和Airbnb这样成功的创业公司。可以拿出来共享的东西除了有形的资产，还有无形的技能和时间。

共享经济的本质是三个词：连接、低成本、可持续性。

先说成本低。举一个跟车子有关的例子。租车领域在国内我们都知道神州租车，这是典型的传统租车公司，他们会向汽车厂商购置一

批车辆，编制在自己的租车公司上，然后再租一块地皮来停放这些车辆，同时为了做好C端的服务，神州还要在各个城市建立线下的网点提供服务。这些都是所谓的成本不论是时间成本还是资金成本，所以我们在神州租车上租到的车会很贵很贵。

再说一家公司叫PP租车，他们的模式是一种共享经济的模式，他们没有线下的门店，没有自购车辆，只是一个撮合平台，车子都来自于社会上的车主，没有购置车辆、没有停车场的费用，让用户在PP租车上的成本急剧下降，所以PP租车上的价格会比神州租车便宜很多。

这是第一点成本低，再说建立连接。

在2011−2012年的时候，大家可能都记得“百团大战”这个东西，那会儿因为团购的搭建门槛很低，所以数以千家的团购网站都上线了，然而很快这些网站就一批批地倒下了，有人说是BAT资金雄厚，小商家干不过他们。

但我认为有一个很大原因是这些平台都没有与用户产生一次“连接”。他们只是作为一个线上的平台，让用户通过低价享受服务或买到东西的一次交易，你与平台，平台与商家，你与商家之间不过是一次金钱交易而已。所以就会出现这家平台优惠力度大，消费者就去这个平台，那家平台钱少就注册一个他家的。根本形成不了所谓的用户黏性。

再看共享经济，它让用户与用户直接连接，就像我讲的那个故事一样，他们在共享的过程中，相互了解和认识，成为一种认识陌生人的方式。其实我也是一个顺风车车主，我在顺路带别人出行的时候，有时候真的会忘记这是一次金钱交易，而沉浸在两个人在路上，聊聊

天度过的一段路程。曾经Airbnb做过一次调查，调查发现，人们在选择租房的时候会选择那个房主与自己有共同爱好的，这点是不是很有趣，不过也很合乎情理，平台让人们相互连接，兴趣与爱好更是给这个连接加了一把锁，如果许多人通过你这个平台相识，想一想他们会不会从而喜欢这个平台带给他们的不一样生活呢？这就产生了一种无形的连接。

最后是可持续性。

我们都知道北京的道路很拥挤，汽车保有量很高，每天往返通州的车子队伍排的很长，但不知道大家有没有注意过，这些车子里很少有能把座位坐满的，基本就是一两个人，剩下的座位就是所谓的闲置资源了。

如果我们都利用共享经济的方式出行的话，那么这些空座位就会被合理地利用起来，发挥他们的价值。同时这样的出行方式，如果成为一种习惯，人们的上下班的出行需求被满足了，会不会汽车增长量就会有所放缓，这正是让人们放弃创造资源，而转向重复利用现有资源的方式。

这种共享经济的出行方式无论对中国，还是对于世界都是一种非常环保与可持续性发展的方式。

《中国分享经济发展报告2016》预计，未来五年分享经济年均增长速度在40%左右，到2020年市场规模占GDP比重将达到10%以上。以滴滴、住百家、一路展为代表的共享经济企业将注入新的能量。马化腾在两会中指出：分享经济将有力助力供给侧改革，同时腾讯研究院发布的《中国分享经济风潮全景解读报告》中，完整披露各行业16

家独角兽和30多家准独角兽企业。这意味着未来，在国家利好政策支持、个性化度假旅游需求日益旺盛、管理制度层面将趋于规范的强优势下，这些自有品牌将率先成为国内带动新经济的领跑者。

共享经济模式的平台能够提供实时、精确的算法，将供给和需求进行有效匹配。整个共享经济的大前提，是建立在碎片化时间以及闲置资产。共享经济模式，是否能够真正释放碎片化时间的价值，是否真正能够释放闲置资产价值是关键的关键。其最终考量的依据是能否重新构建商业价值。比如说：Airbnb将多余房间、公寓和旅行者的需求进行匹配。

Uber、滴滴根据地理位置，将消费者的出行需求和现有的车辆作匹配。Uber的Price Surging在供不应求的状况下会自动调整价格，而滴滴则通过自动加价、平台奖励等算法来确定服务的优先级。二者都是通过强大的后台数据分析，以及价格杠杆来调节某一时段、某一地区的供需平衡。

以Airbnb为例，它平均每晚的客流高达425000人，比希尔顿在全球的交易高出22%。Uber五年内迅速在全球250个城市扩张。至2015年2月底，公司估值超过400亿美金，远远大于包括Delta、美国航空公司、联合航空在内的传统航空公司。

该变化的核心在于过去几年互联网以及社交网站、移动科技及大数据的广泛应用。我们获取适合自己信息的能力达到空前的高涨，交易实时化成了“新常态”，而社交网络的兴起则加深了人与人之间的连接、信任。如何挖掘弱连接的商业价值也因此成为许多新兴产业追逐的圣杯。在全球范围诸如苹果、Google、亚马逊、PayPal在内的高科

技巨头，以及国内的BAT都给这一切的实现打造了坚实的基础。卖家可以自如地通过亚马逊、淘宝平台售卖商品，而平台则像一块吸铁石将买家从五湖四海吸引过来。具备定位功能的智能手机，加上PayPal、支付宝、微信等电子支付体系，可以让我们轻松地定位距离我们最近的服务提供商（诸如餐馆、影院等），移动支付则让这种体验得到进一步的升华。

在我国，分享经济正在高速起步。人人快递创始人兼CEO谢勤曾认为，健康的分享经济带来的是一个多赢的局面。共享资源的人可以获得收益，利用资源的人可以更加方便快捷地满足自己的个性化需要，资源的高效利用意味着浪费减少，这给全社会都带来好处，其已得到社会各界普遍认同。

作为一种新兴经济形态，分享经济已成为是移动互联网、大数据、云计算等前期阶段为代表的新经济的表现形式之一。据中新网报道，滴滴顺风车晒出的春运成绩单，今年春运期间，滴滴跨城顺风车覆盖了31个省区市的332个城市，累计有190万人合乘出行，其中有55.7万直接乘坐顺风车回到了交通不便的偏远村镇，使车租赁产业化更加延伸，使达到资源配置效率有所提高。

目前，共享经济呈快速发展态势，是拉动经济增长的新路径，通过分享、协作方式搞创业创新，拓展出我国经济发展的新领域。网友“LIANGCAT2011”也认为，从资源节约和环境保护的角度说，绝对是正确的。

随着分享经济的快速发展，使资源得到充分的利用。我们可以共同推进“共享经济”可持续发展，更有人士预测，2025年，全球共享

经济产值可以达到2300亿英镑。一旦真正进入这个崭新的时代，传统的消费理论和经验都统统失效。

在这种背景之下，我国公民消费意识随着中国市场需求的增大，而不断增加，个人或组织机构利用互联网平台，把自己闲置的物品分享出去，这样使得资源得到充分利用，也让资源的可回收二次利用在中国市场上得到充分的展现，市场的可利用空间越大，这样也避免了社会资源和个人资源的不必要浪费，减少不必要的资源浪费，也达到了真正意义上的“资源共享”。

从总体上来看，以“共享经济”为代表的生产技术的革新正悄然而至，并会进一步影响一、二线城市人群。但目前共享经济中平台企业审查供应方的信用，只能依靠商业征信以及点评体系等方式，所以共享经济在中国可能还有比较长的路要走。因为中国陌生人社交的历史太短，熟悉陌生人社交，喜欢陌生人社交。总之，共享经济是下一个风口，而中国分享经济的潜力非常巨大。

共享经济是对资源的共享

通俗的解释，共享经济就是利用别人暂时不用的、闲置的资源加上人人参与。也就是“没有一个房间也可以开酒店，没有一辆车也可以开租车公司，没有一件商品也可以开商场”。

接着这三句话往下说，大家可以一起开脑洞，你们想到的是什么？优客工场共享的是“办公空间”，为创业公司、小微企业提供服务。成立不到一年估值已超过20亿人民币，改变近两千名创业者、190家企业的办公生态。优客工场创始人兼董事长毛大庆说：“我们并没有完全离开地产行业，共享的还是地产行业的一些物料。共享了各种办公资源，远远不只是一个空间的问题。从优客工场成立到现在的估值近20亿人民币，我们影响了190家企业，将近2000人的工作方式。”

在北京，越来越多的人不坐出租车开始用Uber、滴滴出行，不住酒店，通过Airbnb住在当地人家里，不去餐馆而是选择私厨。结果就是“你的就是我的，我的也是你的”。

你知道这句话怎么翻译吗？“Need just word，word has word.”其实正确的翻译就是上面的意思“你的就是我的，我的也是你的”！

为什么？共享经济可以把所有东西都变成“你的就是我的，我的

就是你的”？现在看到的共享经济创业项目，几乎无所不包？再来抛一个烧脑的问题，你能想到的“共享”都有什么？有人这样说：除了老婆、牙刷都可共享……还有人说：他把自己给共享出去了？到底是怎么回事？洪泰创新空间CEO王胜江说：“我把自己给卖了！”为了让大家更好地理解这句话，他以自己为例说：“我双十一的时候，我把自己卖了，我作为投资人放在了我的微信号上卖99块钱见我一次。我在设计这个产品的时候，我只是为了新鲜，我觉得我还能分享，那太好了，我长成这个样子也可以分享。但是我体验完以后发现有几个问题，万一有一个美女见我一天，我不见还不行，否则我违了规则，这个没有设定产品的内容。第二个就是我没有规定他什么时候来见我，因为我要见一百多个人，如果每天见两个人，就得通过两三个月来见，现在很多创业者对我很不满意。为什么？因为虽然还是想见我，他花了钱，这样使很多人都排到了春节才能见，共享经济共享的是什么，共享有价值的东西。通过这个平台让他变得更有价值，通过这个我们要反思，要把产品做好。”

我们现在来看一个事例。

事例的主角是我的一个哥们儿，他也是做互联网方面的工作，他有一辆车，他原来每天都会一个人开车上下班，最近他发现顺风车、专车很火，他想着啊，反正来回来去也是自己开，车上空着的座位空着也是空着，何不赚点油钱呢？于是他也下了软件，成为一名“司机师傅”。

现在他上下班都会打开顺风车软件看看有没有同路的人，好赚点外快。你知道，结了婚的人都没啥钱。不过你也知道北京有尾号限行

的规定，这时候他也会打开软件作为一名乘客去搭别人的车，他觉得也挺方便。

有一次他加班很晚，下班的时候打了顺风车回家，接他的人是个中年男的，他那天挺累的就没主动说话，然后那个中年男子就开始跟他聊起天来，后来两个人一路上聊得很好，他们发现两个人竟然有很多相同的爱好和观点，更没有想到的是两年前，他们竟然在一家公司上班。故事到这里就结束了，说这个故事是什么意思？

其实我们可以从故事中听出几个关键点。

闲置。我哥们儿的车子上座位是闲置的，对不对？

赚钱，他通过打车软件，来坐顺风车出行。

他既是拥有者也是使用者。他用车子给自己创造了价值，同时他也坐别人的车子，让别人获得价值。

他通过这样的方式认识了陌生人。

这是一个平凡的故事，却反映着我们当下的生活状态，而这种状态就是今天我们要讲的主题——共享经济。同时我们也看到了共享经济就是将你闲置的资源共享给别人，提高资源利用率，并从中获得回报。共享经济的理念就是：共同拥有而不占有。

举个我们身边的例子。

很多上班族都会开车上班，包括在座的各位可能有车或者如果有车也会开车来。回想一下，你的车子每天被使用的时间大概有多久？2小时？4小时最多了吧。

相反，他在停车场上被闲置时间会更长，可以有20个小时左右。这时候我们需要付出的东西就很多，比如停车费、油费等等。我们可

以看出这辆车并没有很好地利用起来，对不对？

如果你用共享经济的理念来处理这件事情会怎么样呢？

当你早起7点开车到达公司后，时间是9点，你发布了一条租车信息，时间是早10点到晚20点，十分钟后，有人租了你的车，顺利地将车开走，你去上班，今天你的支出减半，同时还赚了100块钱。

这样是不是可以将闲置资源最大程度地利用了？

所以我们说共享经济合理地将闲置资源调配并极大化利用。

通过以上的故事和定义，我们可以看出共享经济的一个本质。

就是互助和互利。互助就是互相帮助，我需要帮助，你共享出来你的东西来帮助我。另外就是互利，这个利并不是利用的利，而是利润的利。互相帮助，互相挣钱。

由此可见，共享经济快速发展的土壤有几个先决条件：1.必须是闲置的长途光缆以及机房基站基础设施等硬件资源，并不是传统的竞争性业务服务资源。也就是说：政府公共普遍服务的基础设施资源将会全部共享。将闲散的社会渠道卖场私有店铺资源加以整合，也可以开放共享。甚至所有的人力资源都可以共享，书记与董事长为何不能共享。2.要解放思想，移动互联网时代，万物都可以共享。3.互联网即时化使得分享经济需求得到迅速响应。这样来看，在“互联网+”大环境下，似乎“出行”“旅游”“通信”等最为适合发展共享经济。

中国分享经济发展报告2016预计，未来五年分享经济年均增长速度在40%左右，到2020年市场规模占GDP比重将达到10%以上。以滴滴、住百家、一路展为代表的共享经济企业将注入新的能量。马化腾在两会中指出：分享经济将有力助力供给侧改革，同时腾讯研究院发

布的《中国分享经济风潮全景解读报告》中，完整披露各行业16家独角兽和30多家准独角兽企业。这意味着未来，在国家利好政策支持、个性化度假旅游需求日益旺盛、管理制度层面将趋于规范的强优势下，这些自有品牌将率先成为国内带动新经济的领跑者。

深度挖掘共享经济

“每个人都知道你是一条狗，但却没人在意。”这句话其实来源于《纽约客》谈到互联网时有一个判断：“在网上，没人知道你是一条狗”。而随着社交网络的兴起，新的判断可能是：“在网上，人人都知道你是一条狗”。但在共享经济中，每个人都知道你是一条狗，但没人在意，因为你的产品和信誉才是最重要的。共享经济的核心是信誉，它提高了社会的效率，加强了人与人之间的联系。那么问题来了，人们可以依靠“共享经济”来改变自己。

《21世纪商业评论》发行人吴伯凡说：“共享经济就是一场精神的还乡。”他还说，“人人为我，我为人人”应该是共享经济的一个比较准确的概括，我们非常怀念那样一个人与人之间，以前是熟人社会的感觉。后来变成陌生人社会，今天互联网能够让我们重新回到准熟人社会共享经济，它导致了有些产品的销售量会降低，但是整体公共总福利会提高，让好多根本就买不起这个东西的人，他能用得起。最重要的是他不仅仅是在经济意义上，可能会增加的是一个审美意义上，伦理意义上的东西。刚才说的惊喜、惊艳、亲密感和沉浸感，那是在传统社会里头我们才能体会到的东西。好多年前我曾经说在数字时代，我们也许有一场还乡。

显然在共享经济概念风靡全球的同时，我们对其深层次的内涵仍然缺乏系统的了解。笔者作为共享经济的消费者，在撰写案例的过程中也碰到不少困惑，经常进入一种乱花渐欲迷人眼的处境。譬如在各行各业，有很多创新型公司号称通过互联网、大数据来平衡供求关系，以绕过传统的中间商。“共享经济”（sharing economy）、“合作经济”（collaborative economy）、“按需经济”（on-demand economy）、“协作消费”（co-creation）等术语也经常被交替使用，尽管它们的意义大有不同。

除此之外，共享的概念在各个行业也存在已久。比如说专门为银行提供信用卡系统运营的外包服务商，专门为企业提供系统开发人员的IT外包服务公司。

但是，以Uber、Airbnb为代表的共享经济模式，在本质上和它们有着根本区别。

Uber最近在大规模挖Google地图专家，而中信将发布与Uber相关的理财产品。Uber激发的想象空间仍在继续。

Uber自登陆中国市场以来一直饱受非议和抵抗，出租车公司前所未有地团结起来一致对外，这说明什么？说明他们怕了，怕什么呢？

产品挑战。这里的产品指车。在中国，只要车还没报废就可以一直跑，但是开车的人也知道，车辆生命周期和安全系数是呈正比的，相信不会有乘客在打车的时候询问车跑了几年了。而且从整个出租车配车情况来看，基本都是10万元左右的车型，安全级别非常有限。

Uber要求车辆必须是5年以内、15万元以上的中等偏上水平，车内空间大且整洁，乘坐舒适感较强。当乘客慢慢对车辆形成选择门槛

时，出租车运营公司则面临相当一部分车辆的更新换代，成本之大恐怕是任何一家公司都需要勇气面对的。

服务挑战。互联网对人类生活习惯和生活水准的改变会快速蔓延到方方面面，用户体验是所有互联网型、互联网思维型、因互联网而转型的各类企业天天悬在头上三尺的一把剑。

滴滴专车沿用传统出租车的收费模式，有起步价、里程费和候车费，一次下来比普通出租车贵一些，只是因服务优于出租车，所以乘客还是愿意接受的。Uber只收里程费，所以从中关村到首都机场只需要60元，而普通出租车需要120元左右，这种差别不是一般人可以忽略不计的。坐在舒适、干净的车里，不用因路上堵车担心计价器蹦字而心跳加速，软性服务往往胜在无形中。

管理挑战。Uber的服务分配是人机结合的，用系统对接供需关系，用数据自动优化服务约束，专人配置资源，所有管理都在内部解决，不会转嫁到乘客身上，更不会让乘客在乘车过程中持续忍受滴滴抢单软件产生的噪声。

其实在“互联网+”对各产业的变革中，如何做好相应的组织管理变革是个大课题。但是如果能在一个环节上做到用户体验第一，就已经是非常了不起的管理进化了。暂且不论Uber在中国市场的未来，就如中国历史上任何一次变革一样，只要能推动一个国家、一个时代、一个行业的良性蜕变，就都是具有存在意义的。

以Airbnb举例。这家公司成立于2008年，最开始就是两个穷屌丝租房子付不起房租了，发现有个房间空着想着要不咱们放个气垫床吧，让过路的人来睡觉咱们收个床位费，再给他们准备点早餐。这样

两个哥们儿就干了起来。然后真的把房租钱赚了回来。

所以他们公司全称就是“Air bed and breakfast”（气垫床和早餐）的缩写，还是挺随意的。他们的主要盈利模式就是从出租人与租客交易中抽取佣金。

这家公司拥有着相对传统租房公司的两个亮点，一个是价格，一个是它是一个带有社交性质的租房。价格我们之前就说过了，成本低是共享经济的一个特点，而社交性质的租房这个怎么理解？

Airbnb是出租的当地居民的房子，对吧？那么如果你住进去的话，房东就会给你介绍周边的美食啊，哪里好玩什么的。心动了吧，比导游说的还绘声绘色，接地气。而且他们做过一个调查，使用Airbnb服务的游客在当地逗留时间明显长于普通酒店旅客，其他旅游消费额也更高，默默地带动了城市的消费。

然而资本家们看到的还不仅仅是这些，在这之上的还有这些产品更大的想象空间，那就是他们的延展性和叠加性。比如Uber做城市物流，凭借其平台上的大数据和社会化运力供给，如果再结合无人驾驶技术的介入，想象空间极大。而对Airbnb来说，因为建立这个交易链接所需要的互信极高，因而很容易叠加其他服务，比如旅游和本地生活，让房东带你去全城最地道的餐厅和只有本地人知道的景点，对用户一定是很有趣的体验。

夸了这么久了，又是连接又是便宜的，但是在繁华背后也发现了它的问题，那就是安全。Airbnb在2011年的时候还没有今天这么多的安全措施，所以在当年有一位房主将房子租出去之后，当他回到家后发现，家里已经被洗劫一空了，之后这个房主就去Airbnb投诉了。这件事情之

后被各大媒体报道，在当时给这家公司带来了很大的困扰。

在这个事件之后。不论是Airbnb还是Uber都做了一个东西，是什么？就是建立了产品的信用体系。

支付、评价、客服、沟通，他们用这些手段来提升平台的整体安全性，而这也成了如今共享经济平台产品的标配。

而我们建立信任体系的最终目的其实并不是要约束我们的用户，实际上是要建立信任。对不对？建立他们对用户、对平台的信任。做到人与人之间的高度信任，共享经济才能发挥它最大的作用，所以我们说信任更像是平台的一个助推器，让平台能够走得更快更好。

如果从“你和你信任的朋友或者不信任的陌生人的借用互动方式”作为出发点，去思考共享经济的创意，你会发现有很多很多。

比如你买的跑步机，一天你也就跑1、2个小时，它就闲置了，能不能把它分享出来，按小时拿回报？比如你家的厕所？你家的洗衣机呢？你无时无刻洗衣服吗？不是吧，城市中蚁族们有些还是需要手洗的，你把洗衣机分享出来，来洗衣服。冰箱呢？自行车呢？都是可以作为闲置的资源进行共享。

通过观察现有的优质共享经济平台我们发现，他们普遍都具备以下的几个规则：

在共享经济里，我们不是匿名的；

心理学研究表示，我们不想干扰我们认识的人；

共享经济不仅是一种新的商业模式，它还在重新构建人与人之间的关系；

钱是其次的；事后反思与他人的联系升华了整个共享体验。

联系升华怎么解释呢?

就是让一次简单的分享——回报中找到一些我们曾经失掉的善良与憨厚。找到伙伴、同类、认同，从自己的世界走出去。

而我们最终会发现在共享经济的世界里商业仿佛已经退居其次，人与人的沟通、连接奠定了整个交易流程，而人际关系与真实身份获得最好的方式，在目前看来就是社区或者叫社群。因为在这里我们既能获得相对固定的人际关系，并且每一个人都是真实存在的真人。

Airbnb是租房界共享经济的鼻祖，它的商业模式是将普通人家闲置的房屋资源用来出租，让旅客以较低的价格享受租房的同时，也让原本闲置的房屋发挥了作用，为房东赚到了钱，同时Airbnb从中收取佣金，从而为自己盈利。国内的模仿者有途家。

Uber则是打车界的共享经济鼻祖。它将闲置的私家车利用起来，让乘客以较低的价格乘车，同时也为私家车的拥有者创造了收入。国内的模仿者有滴滴打车、快的打车等。

其他的案例还有:

Getaround，P2P租车平台。用户从附近的闲置车辆中租一辆车，下单后用应用可以直接打开车门，而不需要见车主。车主则从出租环节中获得一笔租金。

Netjets：闲置私人飞机租赁。

PROP：闲置游艇租赁。

DogVacay：为需要出门的人找到合适的狗狗照料者。

Skillshare：每个人既是老师也是学生，可以在这个平台上教别人或者向别人学。

共享经济社交化

共享经济体系下的消费者更注重人与人之间的信任，社交也被赋予了新意。Airbnb、CouchSurfing为旅行者提供了更个性的旅游，同时让出行显得更酷。像RelayRides和Lyft这样的搭车服务，用户必须接受在整段行程中和陌生人同处一室的“尴尬”。共享经济模式需要重构体验，这种颠覆并非对原有业务或体验的改良或放大，而是革命性的、化学性的突变。

社区共享经济中的商业机会完全挖掘，可以体现在吃、穿、住、行、娱乐各方面。

在解决吃的方面。如可推行退休厨师、家庭主妇设立家庭小厨房，为附近的上班族提供可口便宜的中餐等社区服务，社区居民也可以提供低成本的空间出租服务，在社区平台上发布图片或视频等进行商业化的营销等。目前有“回家吃饭”“妈妈的菜”“蹭饭”等公司在运作，商业模式如出一辙，都是主打家庭美食分享的O2O公司。

穿着服装方面。可利用社区专业技能人才，重点推动时尚个性化设计、美容顾问、时装顾问、个人形象设计等本地化服务。如时装定制的公司“私家裁缝”O2O、嘟嘟美甲O2O等都可以利用社区共享经

济来操作，更可以不用店铺，不付租金，可直接上门服务。

在住的方面。其实也有很多创新的做法。可以出租临时床位给旅行者使用，临时出租卫生间给游客使用等，如“滴滴拉屎”O2O，名称虽不雅观，但的确解决了旅游者的急需；如基于私宅共享的“蚂蚁短租”和“小猪短租”等。

在出行方面更有精彩的方案。如顺风车、临时租车、旅游拼车、专车私家车租赁，或者自行车出租、玩具车出租等。更有同城快递、顺带快递等可以实现。如基于私车共享的“天天用车”还有Google的无人驾驶汽车共享模式。

当然还有属于娱乐与教育等方面的共享内容。共享网络如WIFI、创意设计、家庭影院、动植物托管、特色美食分享等；带孩子上学、接孩子放学、午托、社区清洁工、保姆、电工、社区教师教育资源共享等；也可以利用社区内各种专业人才进行技能交换或有偿服务。如医生、钢琴老师、其他中小学、大学老师、律师等各种专业人才；以及各种书籍、杂志、工具的共享服务；如“阿姨帮”公司。

还有更多未来的能源共享服务。如小区内太阳能、风能等共享经济。如有多余的电还可以并入国家电网进行销售等。我们可以大胆地设想，如果一幢大楼的外墙是一个巨大的太阳能发电装置，社区居民可以低成本或零边际成本分享，那该是多么惬意的一件好事啊。

本人很欣赏著名投资人余健的观点，他的观点也适用于社区共享经济的商业价值发现。他说对于“共享经济”的存在价值，归根结底必须回答的问题：（1）“共享”诞生出来的新分工形式，能不能创造出全新的价值。（2）“共享”是不是在某些领域，能比过去的专业组织供应者提供更高的效率以及使用更少的成本。（3）“共享”在鼓励打破私有制以及开放个人隐私时，是增加了人类的幸福感还是会引起社会组织的不稳定导致新的摩擦。回答是就可以继续研究发展，回答不是，那这样的“共享经济”是个伪需求伪命题，必然被专业组织所淘汰。

“共享经济”的理念落地为经济组织时，同样要遵守自然界优胜劣汰的法则，在结果、效率、成本上会和各种经济组织竞争，要顺着规律走、顺着常识走、顺着人性和人类发展的大趋势走，如此就能找到存在的空间。

据CNNIC数据显示，截至2014年12月，中国网民规模达到6.49亿人，互联网普及率为47.9%；央行正式批准芝麻信用、腾讯征信等8家机构开展个人征信工作。可以预见，共享经济时代离我们不远了。尤其是服务于社区居民、运行社群服务的共享经济的商业机会，更有大未来。

2002年，哈佛法学院教授Yochai Benkler提出Commons-based Peer Production的概念来表达其社会化生产思想。在他看来，利用网络技术进行社会化生产，可以解决资源合理利用的问题。之后Benkler将这个概念阐述为共享商品。

共享经济的父系概念是“协作消费”，协作消费由Marcus Felson和Joe L. Spaeth在1978年炮制出来，他们从行动惯例角度介入，系统阐述一种镶嵌在社群结构中的协作消费方法。现在，Ray Algar比较多地使用这个术语，Ray Algar是英国的一位管理咨询师，他在2007年撰写《协作消费》一文，相对完整地表述了这一思想。

协作消费之于共享经济的注解，揭示出共享背后的意味，即共享的理念要由协作的方式来实践。同时，对共享经济的字源踪迹考察，不足以全面显示其实践内涵。

2011年，《时代周刊》将“协作消费”列入改变世界的十大观念之一。

2015年英政府财政预算案显示：英国要致力于将大不列颠建设成为一个全球最适于创业、投资和发展的地方，为实现这一经济目标，英政府将制定系列政策以激发本土共享经济的潜能。

如何以协作方式来实践共享理念呢？从eBay、社会借贷、P2P旅游以及车辆共享等案例中可以发现：在共享协作的运行机制中，人们不再强调所有权，参与者之间的关系没有建立在所有权和使用权的分配交易上，而是由参与者提供产品或服务的入口，以径直对接需求，实现资源的优化分配。随着互联网技术的全球化进程，共享协作模式得以在线上市场得到广泛应用，目前初步形成了三种基本形态：

1.私有产品或服务的共享

通过P2P市场，私有产品或服务得以共享，或者转租。

2.“废品”的再分配利用

“废品”的再分配利用指的是二手货的流通和利用，通俗来讲，就是把某些二手货从不再需要它们的人那里送到需要它们的人手上。

一般情况下，人们通过回收、修复、报废等方式来处理废旧物品，这样容易导致仍然有利用价值的物品的大量浪费，当然，这样的浪费一方面也是由于相关需求信息没有形成流通的缘故。解决这一问题就形成了满足不同需求的线上市场：像Freecycle和Kashless，商品

是免费的；像onSwap.com，商品是用来交换的；而eBay、craigslist、uSell，商品是用来出售的；像Copious、Vestiaire Collective、Buy My Wardrobe和Grand Circle等等，则是更加专业、细分的二手货市场。

3.共享协作的经济生活

这种类型基于人们相同的需求或者趣味，大家通过共享、交换无形资产，比如时间、空间、技能和金钱等等，彼此满足，催生共享协作的经济生活，比如，移动技术支持构建了基于地理位置的平台，具体如GPS，能够实现了位置的实时共享。

由此可见，共享经济已经渗透到我们日常生活的各个角落，比如Uber、比如Airbnb。有数据显示，截至2013年，全球共享经济的市场价值约为150亿美元；到2025年这个数字预计将飙升至3350亿美元。

福布斯杂志2013年1月的研究（Airbnb and the Unstoppable Rise of the Share Economy）估计，2013年利用共享经济直接流入分享者的收入超过35亿美元，年增长速度超过25%。目前全球估值最高的10家企业中有3家属于共享经济企业，包括Uber、Airbnb和滴滴快的。Uber估值高达500亿美元，而它成立仅仅6年，且并不拥有一辆出租车。

按照这个速度，在未来10年内共享很可能成长为真正的、颠覆性的经济力量，并成为普通人很重要的收入来源之一。不难发现，共享经济正在改变很多传统的商业模式，比如YouTube对电视的影响，博客与微信公众号对报刊杂志的影响等。未来的经济很可能向人人既是消费者也是生产者的模式演化。

然而，如果共享企业不能顺利实现本地化和培养消费者，后续的发展就无从谈起。

共享经济改变商业结构

共享经济源自于一种认知：如果每个人都按自己的兴趣来过日子，那么资源很快会因为物欲而枯竭。于是，在人口激增、资源枯竭的背景下，共享经济应运而生，它意味着一种全新的商业结构。

目前正在兴起的以互联网信息技术为基础的分享经济，呈现出百花齐放、多种模式并存的新格局。

第一种模式：有偿分享模式。

有偿分享是目前发展最快也较为普遍的一种模式。该模式是将自己剩余或暂时不用的物品，通过收取租金有偿让渡给别人分享。目前发展比较成功的“空中食宿”就属于典型的有偿分享模式。其业务模式十分清晰：有闲置房间的家庭在网站上发布自家的空房信息，不想找酒店入住的租客通过上网查找住宿信息，一旦租赁双方达成一致，租客就可以进行在线付费和实地入住。这种新商业模式所提供的私家闲置房间要比酒店更便宜，更具有生活气息。目前网站上不仅有人发布常住的房间，更有人将别墅、村庄、城堡、树屋等发布到网站上。

第二种模式：对等分享模式。

对等分享模式是双方通过互相交换使用财产，不向对方支付报酬

而形成的分享经济。比如，目前国内所推动的城乡儿童手拉手体验成长快乐活动，就是一种典型的对等分享模式。城乡儿童互换生活环境的手拉手活动，最近几年已经成为许多学校教育的重要内容，也有许多民间公益机构和商业教育机构专门进行这种模式的运转和管理。点对点分享不仅仅是双方对等交换各自的物品和环境，还有双方情感和文化价值的体验式交互。

第三种模式：劳务分享模式。

在现实社会中，有大量碎片化、闲置与没有充分利用的劳务资源。在现代分享经济中，人们不仅可以出售自己多余的产品，还可以出售自己的时间，比如承接遛狗、取回干洗衣物或组装家具以及养老服务等杂活，这种以出售多余劳务为内容的分享经济被称为劳务分享经济。在美国有一家创业公司，凭借1小时送货上门服务的业务，在短短两年半时间内估值一路飙升，在硅谷脱颖而出。该公司就是充分利用自由职业者的时间，通过互联网技术充分利用分散在社区中的自由职业者，实现一小时送达的承诺。参与这些配送的自由职业者，既是这种配送服务的对象，也会根据自己的机动时间成为配送服务者。可以说，享受1小时送达服务是居住在特定社区内的人对各自剩余的时间和劳务分享的服务。

第四种模式：众筹分享模式。

现代众筹是指用互联网平台进行资金筹集。同样，现代众筹筹资目标也包含了分享投资对象，不纯粹是为了筹集资金。目前，众筹分享主要集中在电影视频、音乐和出版、文化创意等项目。

2009年，优步在美国成立，之后滴滴快的等打车软件在中国火

热起来，共享经济悄然在中国兴起，时至今日已经蔚为大观，连前些时候的IT领袖峰会都以“共享经济”为主题了。从“滴滴”到“在行”，从“途家”到“回家吃饭”，中国确实赶上了移动互联网的风口，实现了共享经济的大跃进式发展。

人手一部手机，就意味着人手一个服务终端，每个人都可以通过移动平台发布需求，也同时提供产品或服务。可以说，共享经济在原有的产业之外，创造出全新的细分市场，也挖掘出大量就业机会。在这样一个经济转型的阵痛期，共享经济成为一个抢尽风头的亮点。

现在有种说法，把新经济叫作“从原子到比特”，传统的物质生产已经逐渐让位于信息的生产，产能过剩的“原子”被“比特”带来的共享经济所利用。信息的可复制性和开放性让分享的边界无限开放，共享经济把“原子”的价值通过“比特”放大了，让它被更多人所分享。

共享经济是闲散资产、碎片时间和互联网技术聚合下结出的美丽果实。个人的私家车每年的利用价值也许只有其价格所值的三分之二，在个人拥有零散时间的前提下，通过做专车司机就可以把另外三分之一的价值变现。同样的，个人闲置的房间、工作时间甚至金钱，都可以通过让渡或分享使用权而获得更充分的价值实现。当然，保证这些闲置资源对接上正好需要这些资源的人群的，是如今已经无孔不入的互联网技术，尤其是飞速渗透我们生活的移动互联网技术。

正是互联网的飞速发展，极大提高了信息的流通效率、改变了供给方与需求方之间的信息不对称现象，使得个体对于个体的资源提供成为可能。试想如果专车司机无法通过手机APP实时获知周围的用

车需求，他相对于满街转悠的出租车师傅有何优势？如果背包客无法通过网络查看各种食宿提供者的个人信息和房间情况，他势必还是选择更有品质保证的酒店住宿。因此，共享经济是互联网时代的直接产物，也是互联网所代表的开放、连接、共享精神的完美体现。

正是互联网让每个人成为一个信息节点，以极大的透明度和传输效率将节点连接起来，才让每个人得以成为一个独立经济单位。这在互联网之前的社会是无法想象的，因为个人之间的信息传输被时空阻隔，没人知道自己的商品和服务何时被需要，个人间的直接交易成本极高，于是便有了企业化交易方式的诞生。当个人间的供需信息实时联通，个人间的直接交易成本极大降低，个体作为经济单位便成为可能。

出租车可能在路上游荡而空车耗油，而专车司机却在有需求的情况下才上路接客；酒店可能在旅游淡季产生大量空置房间而维护费用不减，而个人房间却可以让空置时的维护成本被额外收入的租金覆盖。显然，共享经济的一大优势在于成本。供应者不需要维持企业形态所需的人力成本及运营成本，而消费者也同样降低了享受产品和服务的苛刻要求，于是一种低成本和分散式的市场经济成为可能。

知识本身更可以成为分享的资源。各种职场达人的有偿咨询平台，实际上也是对接了职业人士的碎片时间和知识需求者的零碎疑问。简而言之，所有个人资产和专业能力都可以成为个人的生产资料，每个人的正职工作成了每日工作中的一种，你可以朝九晚五做一个会计，下班后做一名专车司机，回家后做一名职场生涯顾问。这也是对于个人的一种解放，个人不再被日复一日的工作捆绑，从而有可

能摆脱大工业时代遗留的生产组织形式对于人的异化，使得经济更多成为"自由人"的自由联结。尤其对于个性张扬的90后、00后而言，共享经济更可能成为他们的主要生活方式。老一辈对于"稳定工作"的信仰，已经被共享经济所带来的"U盘化生存"所替代。传统的工作不再是社会人的必备品，而降为生活方式中的一种。在未来物质极大丰富的社会中，由于个人或多或少都拥有一定的有形和无形资产，他们可以通过共享经济维持收入，不再束缚于单一工作，拥有更多的自由时间，我们可以充满信心地预期一个文艺创作和科技创新大爆炸的未来。

共享经济对行业的影响

共享经济在发展的初期主要围绕“住”与“行”两方面展开。滴滴打车的天使投资人王刚，在2012年向初创的滴滴打车公司投资了80万人民币，这成为滴滴打车的天使轮融资。而这笔天使投资让王刚获得了数千倍的收益。通过梳理王刚之后的投资，可以看到，滴滴的成功让他在共享经济领域进行了更多的投资。从这些投资案例来看，已经深入到生活服务、在线教育、汽车租赁等领域。

从王刚在共享经济领域内的投资，亦可管窥未来共享经济的发展脉络。随着共享经济的理念被人们所接受并推广，共享经济的范畴由住宿与出行扩展到各类相关的服务领域。

Uber和Airbnb作为共享经济最具代表性的两家企业，分别为出租车业和酒店业带来了革命性的改变，也让人们看到了共享经济在未来的巨大潜力。共享经济这种新的经济模式并不只会在出租车业和酒店业发挥作用，利用人们业余时间和空间的特点，它几乎可以渗透到各个行业。

在中国的某个时刻“滴滴拉屎”曾作为一个笑谈在业界津津乐道，虽然这是一个玩笑，但其实它与Uber和Airbnb一样道出了共享经济的本质。

现代家庭每家都有一个厕所，但这个厕所并不是高频使用产品，它有很大一部分的空闲非使用时间，在这段时间来到此地急需使用厕所而又找不到公共厕所（很多时候不是找不到是根本没有），或对公共厕所各方面条件不满意的人就可以提出使用附近私人家厕所的需求，而某些家正处于闲置状态的厕所就可以满足这种需求。共享厕所的这种模式本质上与提供闲置沙发或房间的Airbnb是没有任何区别的。他们的特点就是需要拥有空闲时间的人、产品或者服务，他们并不是时时处于忙碌或使用状态，而是能空出时间为正好有需要的人提供服务，这种经济模式一方面充分利用了闲置的资源，一方面填补了市场对于某些产品或服务的巨大需求的不足，用一句经典的话来说叫“实现了资源的优化配置”。

1.快递业

目前快递业的模式大部分是由快递公司雇用全职快递员进行商品配送，快递业是个重资产的模式，它最大的资源需求就是人力，人力一旦紧缺就会导致快递的延误，影响用户体验。每年快到过年的时候，由于大批快递员提前回家，人员紧缺便会导致快递的延后。

共享经济模式下的快递业相对于传统快递业来讲必然是轻资产模式，一个商家在平台发出送货需求，附近的有车人员接到需求后到商家所在处取货然后送至目的地。对于同城快递来说这是一种比传统快递更快捷也更节省时间的方式，对于异地快递来说，递送可以分段进行。杰里米·里夫金曾在《零边际成本社会》中以物流为例论证了这种方式：就物流互联网而言，传统的点对点和中心辐射型运输应该

让步于分布式的联合运输。一个司机负责从生产中心到卸货地点的全部卸货，然后接一批在返回路上的交付货物。共享经济的模式是这样的：第一个司机在比较近的中心交付货物，然后拉起另一拖车的货物返回，第二个司机会装运货物送到线路上的下一个中心，可以是港口、铁路货场、飞机场，直到整车货物抵达目的地。

事实上Uber已经开始了这种模式的探索，在美国Uber推出了同城快递服务UberRush，用户可以在Uber上叫快递，然后，由司机将物品派送到目的地，用户可以看到物品预计的到达时间和物品的实时位置。

共享经济下的快递业可以充分利用全社会拥有空闲时间的人员，因而在人员问题上要好于传统快递业，而基于地理位置寻找最近人员的方式也使快递的时间得到了节约。

2.家政服务业

在美国电影《另一个地球》中，女主角撞死了男主角的妻子和孩子，并非职业清洁工的女主角由于愧疚某天敲开了男主角的门并为对方提供清洁服务。这里面女主角并非某个家政公司的员工，而只是一种个人（自雇）行为。共享经济下的家政服务就是这种场景，提供家政服务的人员并非是某个家政公司的员工，而只是拥有空闲时间并想赚点钱的人，当然他们可能有过家政的相关培训经历，或拥有带孩子的经验。

在共享经济下的家政服务人员与传统家政服务相比并不一定是整月或整年的为有需要的家庭提供服务，而更可能是在许多家庭有某些急切需求的时候提供服务，比如老婆出差自己没时间打扫家，奶奶回

老家小孩无人照顾等情况，共享经济下的家政服务业对于已经退休赋闲在家的人员来讲是一个很好的再就业机会。当然服务需求方可以根据服务方的服务经验和过往口碑来决定是否雇用对方，这一点已经成了互联网公司的标配。

3.教育行业

在中国，虽然公立教育相对来说基本处于垄断地位，但在公立教育之外市场依然无限广大，公立学校老师利用寒暑假办班和遍地开花的私立教育机构就是一个体现。我有个高中同学一毕业就在北京的某个私立教育机构当地理老师，他时常抱怨辛辛苦苦一个月下来挣不了多少钱，大头都让机构拿走了。

共享经济下的教育行业，对于服务提供方来说可以解决两类人的问题。一、可以解决公立学校老师在业余时间赚取外快的需求（我很多当老师的同学抱怨在学校干一年还不如寒暑假当几个月的家教挣得多）；二、可以解决拥有教师资质，但无法进入公立学校工作的人的需求（我们都知道想进公立学校工作，关系是一个很大的因素），同时他们也可以不用依附于私立教育机构，而是成为自由职业者，为学生提供服务，这种服务给平台的佣金一定远远低于给私立教育机构的。对于服务需求方来说，它可以解决想享受个性化教育服务的学生的需求，也可以解决想找一位好口碑老师补课的需求。

4.培训业

随着自媒体时代的到来，培训业已经在中国这片大地上大面积开花，自媒体时代孕育的培育师是在某些方面拥有一技之长的行业专家，他们往往不依附于某个培训机构，而是或成立自己的工作室，或

利用业余时间展开培训工作。

姬十三成立的“在行”就是共享经济下培训业的具体体现，任何一个在某方面有所建树或有所见解的人都可以在在行注册成为行家，这些行家是自由的，不依附于任何培训机构的。而任何想在某方面获得指点的人都可以在在行找自己合适的交谈对象。在行这个平台除了形式上不是培训而是一对一学习交谈外，在本质上其实正属于共享经济下的培训。

姬十三在《用共享经济，造一所“社会大学”》中说：在行，试着促成一次次见面交谈：不管是求学谋职还是创业创新、旅行装修，任何大小的颗粒度问题，都有人为你出谋划策，给予私人定制的选择建议。这是对传统“人情求助式交谈”的重新改造，互利互惠，彼此成全。

5.个人服务业：理发、按摩、美甲等

上门理发，上门按摩，上门美甲，这些说法放在5年前恐怕我们想都不敢想，但移动互联网让这些成为现实。

传统的这些服务业，一定是有需求的客户来到店家购买服务，这一模式是大部分商业模式的特点，并没有什么错。但共享经济下的个人服务业相对于传统个人服务业有两个无法比拟的优势，一是对于消费者来说节省时间，在这个时间就是金钱的时代，没有什么比这点更重要了。比如传统理发店，你在来之前并不知道这里排了多长的队，也不知道你心仪的理发师是否在店内，到了之后很有可能会等一两个小时，共享经济下，你可以提前查看心仪的理发师什么时候有时间，然后预约，预约成功后，规划好自己的时间，就可以惬意地做自己的

事了。二是对于服务师傅来说，可以更充分地利用自己的时间，传统雇用式的门店，必须服务于到店顾客，而如果今天一天生意冷清，那么理发师就没什么事做，也就没什么钱赚，在共享经济下，自己的时间可以提前预约，这样就可以将自己的时间安排合理，更充分地利用时间提供服务赚钱。

目前来看，像河狸家，功夫熊这样的平台正是在提供这样的服务。

6.新闻业

在新闻业，自雇型的记者其实早已有之，在博客时代周曙光就曾独立报道“重庆最牛钉子户”并引发广泛关注，当然那个时候周曙光的商业模式并没有那么明确。在新媒体时代，科技博客的崛起成为共享经济的最重要体现。比如在虎嗅网、百度百家，或者36氪这样的网站上，内容不是全部来自站内的记者或编辑，很大一部分内容是由注册该网站的作者贡献，这些作者出于兴趣或其他原因，独立采访或采编内容并发表在网站上，而网站会拿出一部分稿费给予这些内容贡献者（虽然现在给的稿费并不高，但这种模式是正确的共享经济模式）。

进一步的共享经济在未来或许是这样的，在某个事件发生或即将发生时，平台发起采访或写作任务，平台的注册作者选择自己感兴趣或适合的任务，然后去采访并成文，最终发布至平台上。而平台对于作者的贡献给予稿费。目前，虎嗅和百度百家在创业报道方面就正在进行这样的尝试。

7.租赁业

酒店式的租赁业由Airbnb在市场上占据主导地位，而共享经济同样正在渗透办公租赁业，它主要满足的是办公短租租赁者的需求。

共享经济下的办公租赁业主要针对以下几类人群：一是初创企业，任何一个企业，都是由弱小成长得强大的，它们在初创时并没有特别大的办公租赁需求，只需要有一个办公的地点就可以了。二是自由职业者或工作室工作者，他们没有长期的租赁需求，而只有弹性的租赁需求。三是中小企业的外地办事处，有时候为支持一个外地项目，中小企业必须驻扎外地办公，但如果不是稳定的项目，这些企业也许只需要一个临时的办公地点。当然，如果这个办公地点有公用的会议室、打印机、茶歇地点等空间会更受欢迎。

潘石屹最近推出了短租写字楼，而美国的Wework估值超过50亿美元，它们可以供租赁者按月甚至有些按周租赁办公空间，并提供会议室、打印机等公共设备。事实上，某些办公楼的小空间，某个公司的空闲空间同样可以提供这种服务。

8.广告、创意业

我所在的广告创意行业一直不缺兼职的合作者，这些能够为公司提供创意内容但并不供职公司的人被称为freelance，大部分的创意公司都不大可能完全离开freelance。很多时候，创意公司会有一些固定的，合作过多次的freelance，大多时候这些固定合作的freelance都没有那么多，选择也比较有限。

共享经济可以说为创意业提供了更多的可能，当某个公司发出了一个客户的相关任务，平台上会有很多创意人员领取任务，公司根据创意人员的过往作品和评价选取合适的人员，然后开始达成协议并实

施。理论上来讲，这种模式可以供一个CEO开一家几乎没有全职创意人员的“空壳公司”。

当然这样的预想在目前看来依然有难度，创意不像租车，它不是一个标准化的模式和流程，并且很多时候兼职创意者并不能领会雇主下达的brief，猪八戒网也是因为这些原因而备受指责。但共享经济相对漫长的广告行业存在的时间甚至可以忽略不计，共享经济下兼职创意人员对雇主的贡献在未来可能有更多的可能。

9.医疗业

在中国，医疗行业和教育行业面临着相似的情况，它们都是公立机构占据主导地位，而私立机构又有着诸多问题。对于医疗服务来说，人人都希望有针对个人的定制化医疗服务，而非到公立医院用一周时间排队、挂号，然后医生两分钟看完病走人。共享经济下的医疗，医生可以用空余的时间为附近或更远（根据费用）想享受定制化医疗服务的病人提供在线咨询以及上门治疗等服务，而许多病人也不需要再跑到医院去挂号、问诊了。当然当前医疗的矛盾很大部分是有限的公立医院资源与巨大的病人医疗需求之间的矛盾，共享经济并不能完全解决这个问题，如果医疗行业实现完全的市场化，那么在共享经济模式下，医疗行业定会迸发出巨大的生机。

互联网对共享经济的影响

从经济学的角度看，共享经济是一种互联网时代的租赁经济模式，即通过互联网第三方平台实现个体之间直接的闲置资源使用权的交易，其本质是使用权的暂时性转移。

“共享经济”的概念最早起源于《美国行为科学家》杂志上一篇题为《社区结构和协作消费》的文章。学者们对汽车共享进行了研究，首次意识到共享可能发展成一种独特的经济形态。

闲置资源是共享经济产生的物质基础。比如，有些人有房却不常住，有车但不常开，长期闲置形成浪费。而另一些人则存在对资源使用权而非所有权的需求。

比如，他们希望在某个时间段住在某地或在某地驾车出行，但预算有限，不希望购买。在这种情况下，如果双方能够有效对接，不但可以将闲置产能再利用，还可以为所有者带来货币收益。

云计算、大数据、物联网、移动互联网（下文以“云大物移”技术作为互联网技术的统称）等互联网技术的发展使共享经济从理想成为可能。通过互联网平台，个体之间进行这种直接的商品和服务交易的成本大幅度下降。

互联网的大数据分析以及智能移动终端的普及使资源的需求方和供给方能够快速进行匹配。同时，互联网平台上的支付手段、评价体系日趋成熟，交易双方能够迅速地建立起了解、信任和合约关系，加速了共享经济的发展。

在互联网时代的大背景下，美国Uber、Airbnb、Lyft等知名共享平台迅速崛起，带动共享经济迅速增长，并开始席卷全球。

那么，基于互联网的共享经济改变了什么？

基于互联网的共享经济目前来看已经大大改变了不少行业的格局，相对传统行业，它们拥有更大的优势：更节约的时间。更优化的资源配置。更灵活的就业。

并且它们拥有更广阔的发展空间，目前共享经济最大的问题就是先进的经济模式与落后的法律法规制度之间的矛盾，但不管怎样，共享经济的前景是美好的，一切才刚刚开始。

2014年以来最火流行词之一，莫过于“互联网思维”。以黄太吉煎饼、西少爷肉夹馍为代表的传统企业，套用“互联网思维”很快声名鹊起，但也很快暴露出了产品的软肋与商业管理上的窘境。对传统企业来说，互联网思维犹如一管迷幻剂，好奇又看不懂，想尝试又很谨慎。

2014年是互联网大潮向传统企业正面扑来的一年，没有任何传统企业能够在这个过程中置之度外。然而经过长期的案例跟踪与研究，他认为传统企业应该抓住两点机遇：

其一，互联网大潮带来的窗口和机遇，没有给传统企业设置任何天花板。

其二，在线上互联网公司向线下走，线下传统企业往线上走的两类群体中，线下企业的机会更大。

线上企业向线下走，会遇到线下的传统企业花了十年甚至几十年积累的能力，他们不可能在短期完成这个阻碍。而传统企业一旦有决心与突破路径，向线上走会思路会很清晰。

当然，这类传统企业有清晰的定位——就是传统企业在线下有非常深的根基，同时在线下有非常强的积累，线下有十年或者几十年的布局，同时有极大决心和动力拥抱变化。这一类传统企业比例上来说并不多。

目前大部分传统企业或者在观望，或者很焦虑，大家没有任何动作。或者说它只是看到这个变化，但不会轻易去改变。但传统企业仍沿袭过去的路径和方法论，他们在互联网大潮里并无太多机会。其理由是“互联网+”、O2O和共享经济，都是今年比较火的，这三个概念其实有很大的重叠部分。所以我们必须对这三个概念做出深刻的理解。

概念一：“互联网+”。

在企业界，人们一直在争论是“互联网+”还是“+互联网”，其实很简单，销售端的变化产生“+互联网”，生产和组织的变化产生“互联网+”，现在是两者并存主要以“+互联网”为主，因为“互联网+”现在的优势并不十分明显，而互联网对销售端的变革是最直接也是最明显的。

现在讲“互联网+”都是比较粗糙的讲对原先产业的升级和优化，但事实上，“互联网+”是让更多没实力的企业死得更快，“互联网+”

直接增加企业成本，你让他们怎么加啊。

我一直固执地认为，从互联网出现的那一刻起，产业悲剧已经开始，只是在一步步深入，因为互联网的垄断性太强了，把所有的产业端上网络之后，最直接的就是市场倾斜和市场垄断，原本可以活一万家企业，现在只能活一百家。

这是很危险的一件事，但同时却不可避免。人都跑到线上去了，你不去根本就活不下去。但“+互联网”，最直接的就是推广成本和线下销售体系的转化，而“互联网+”就更彻底了，整条生产体系、整个组织体系都得进行变革。转型成功还好，要转不成功，自己把自己转型转死了。

“互联网+”说白了就是把客户引进到生产和销售的整条链之中，甚至可以把融资环节也加进去，是人群雇用企业的意思。对于大企业，这简直是场噩梦。最直接的改变就是产品的标准化向非标转变，也就是我们说的私人定制，可一旦私人定制了，如何确保生产的效率性呢。

最好的方式是生产效率又高生产出来的产品又是非标的私人定制的，但这本身就是冲突。所以最根本的不是互联网+不+的问题，而是“互联网+”的可能性到底存不存在？

花了大量成本按照你的意思做了，结果不但收益没上去生产的成本反而上来了，那这样的“互联网+”又有什么意义呢。现在更多是+互联网，成本比较小，动静比较小，下手比较轻。一旦“互联网+”了，就真没回头路了。

互联网的市场结构和传统线下的市场结构其实是很不一样的，因

为前者没有空间的概念，且信息成本非常低，市场很容易呈现倾斜，集中度高。而原先的市场结构呢，由于存在空间和信息的阻隔，交易成本很高，所以形成各路诸侯割据一方。

互联网是要形成大一统，那结果只有一个，很多诸侯要被消灭掉。企业一旦搬到互联网上，首先是竞争的激烈程度上去了，其次是竞争成本上去了，最好是八方诸侯变三国鼎立。

原先我来打你是很麻烦的，要翻山越岭跋山涉水还没到已经把自己折腾的只剩半条命了，所以我也懒得打你，打你的成本太高，还没多少收益，那干脆各自封王各霸一方。

所以你会发现原先模式下，供应商总量其实是多余的，生产是过剩的，但暴露的并不明显，一到互联网上，好东西效应就发生了，凭借产品质量轻轻松松地绕过了马奇诺防线。害的本来就过剩的供应现在越来越过剩了，搞的传统企业现在四面楚歌危机重重，都想着拥抱互联网，事实上，拥抱互联网你可能会死的更快。

只有哪一类企业能真正拥抱互联网的呢，大资本支撑，有品牌优势，有研发能力，能下狠心的。一般的企业，别做白日梦了，你已经没多少机会了。“互联网+”根本上是置之死地而后生的概念，越是没包袱的越能轻装上阵，拖着长长尾巴的，就得下得了狠心。

坦白说，我是不觉得互联网对实体有什么颠覆不颠覆的，是市场被分流后的成本不对等造成的。拿零售业为例，原本所有的人都在线下，现在一部分人跑到线上来了，而线上的成本就是一台电脑一根网线，成本就很低，而线下呢，又是租金又是人工费，还有各种税，市场被拿去一半后，它当然就活不下去了。

所以不是谁颠覆谁，而是市场发生了变化，以至于原先一块钱的成本现在只能赚五毛钱了，而线上零售，它的成本可能就只有一毛钱。所以本质上是成本不对等下的生存空间大小的问题。

至于餐饮服务业，由于必须要引到门店去解决，互联网只是起到信息整合的作用，市场还是那个市场，互联网只是帮助了市场倾斜和市场垄断。市场越来越向好的店面集中，这就直接加剧了竞争激烈程度。

传统竞争一般是先赚了钱然后再打价格战，互联网竞争则是先打价格战再赚钱。因为传统线下是分散市场，而互联网则是整全市场，前者的着眼点是盈亏，后者的着眼点却是生死。

传统的市场形态是空间分散的，互联网的市场形态则是口碑集中的。传统的市场竞争是一对一的对称性竞争，我开一个门店，你也得开一个门店，我投一个亿，你也得投一个亿，我花二十年，你至少也得弄个十年。不然你不可能有机会。

而互联网的市场竞争则是非对称性的，偷袭的机会增多，靠单点瓦解全局的可能性增大，所以起得也快死得也快。其实我感觉当整个市场从线下向线上转移时，一部分传统企业完结是必然的事，因为在那个世界里，根本就不需要那么多企业。

所以，传统企业不是被谁颠覆的，而是互联网造成了市场结构和竞争格局的改变，使得原先的生存逻辑和供需形态也相应发生了变化。

概念二：O2O。

关于O2O，其实是电商向移动端的转移，继续拓宽在线领域，互

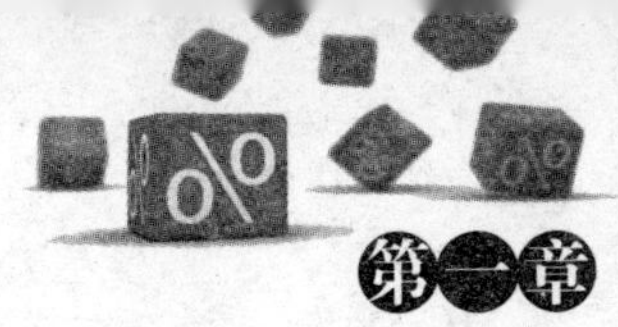

联网从PC互联网发展到移动互联网，最核心的就是便捷度频次和效率。

像外卖、教育、医疗、生鲜、家政，PC互联网时代其实也能嫁接的，只是频次太低，意义不大。而到了移动互联网，机会就来了，很多原先不值得去做的事现在都变成了风口，市场可能性变大了。

目前O2O主要有两类，一类是自己拉客自己接客，另一类是自己拉客别人接客。什么意思？其实第一个“O”是营销的意思，也就是拉客的意思，第二个“O”是产品服务的意思，也就是接客的意思。

要完成一笔交易，无非就是谁找人谁解决人这两个问题。目前主要以第二类为主，第二类还可以再分，一类是和门店合作，一类是和个人合作。前者如外卖O2O、场地O2O、社区O2O，后者如美甲O2O、家政O2O、汽车O2O，前者更多是需要在通过门店解决，而后者个人就可以搞定。

如果压根不需要，那门店存在的意义纯粹就只是营销。而互联网平台本质上的作用也是营销，所以O2O平台取代门店释放手艺人，这是很理所当然的事。

当然不是说释放出来了就是好，其实对于更多没有市场竞争力的手艺人是一场悲剧，因为市场会向优秀的手艺人倾斜，也就是说不把你解放出来你还能领个基本工资活得好好的，把你解放出来了，结果可能就饿死了。一开始平台还给点补贴，但未来取消之后呢，结果只能是马太效应。

另外不是所有领域都是可以O2O的，O2O是为了让服务升级、消费升级，是为了效率的提高。对于客户而言是越来越方便，对于供应

方而言是利润的增加。

像理发这种其实很难O2O，第一无法在家里完成，第二家里弄得一团糟，第三不符合市场原则，跑一趟挣了几十块钱，路费花去一半且效率大大降低。

那天听河狸家的创始人在谈这事还算靠谱，一般也就两类模式比较适合O2O，第一单位净利润比较大跑一趟也合算，第二服务半径比较宽的，也就是量比较大，像外卖这种，一次性装一箱，通过量来提高跑一趟的单位利润。

O2O首先发生的一件事就是成本的增加，中间多出了连接的物流成本，一般是供应商或者平台来承担这部分费用（平台现在普遍退出物流这一块，因为成本太大模式太重），那么只能是供应商来承担增加的成本，那么如果他不能通过因为O2O多出的这块收益挣回来，那显然是不合商业规则的，谁会去做赔本的生意？

所以，商业模式无论怎么变化，商业原则是不会变的。边际收益要覆盖边际成本，O2O才有成立的可能。

现在是什么都O2O了，结果肯定就是一地鸡毛，像洗车O2O，中间成本太高了，最好就是开着车去附近的洗车店洗，而不是扛着水龙头跑到你家去洗，因为这样你是舒服了，可供应方变得很麻烦，而本来你开过去一下就是很方便的事，那么总体上的交易成本其实是上去了的。

更可怕的是，在一个本来市场就有限的领域里挤进几十家搞O2O的，挤都挤死了。

O2O要成立我觉得有三个条件：

第一，客户的便捷度是否上去了；

第二，供应方的边际收益是否高于边际成本；

第三，市场竞争的有限性和可变道空间的多寡。

O2O整体上是形成风口的，但各个行业的容量其实都非常有限，一旦竞争消耗过大，死掉一批是必然的事，当然这就是市场竞争的因素。

至于可变道空间，很多人想当然地以为我占领洗车市场然后就可以把流量导入到修车市场、卖车市场，可事实上这并不那么容易。

因为首先每个点上都存在竞争，如何确保横扩的有效性，其次只有顺路的关联性较强的领域才能跨过去，再次存在重新定位的问题，最后要有大资本的护航。

这其实我已经在前面讲点线困境的时候讲过了。是同样的问题，没你想象的那么简单。还有一个严重的问题是，像敲背按摩叫鸡这种O2O，搞到最后，其实你这个APP会失效，因为我重新再找个人重新认识其实是有成本的，我还不如固定就叫那么几个服务到位的。

前面讲的都是原先存在供需现在用一个APP连接起来，其实还有一种供需原先是不存在的或者说只存在于可能性当中，比如那种同一个区蹭饭O2O，比如各类跑腿提包O2O，在原先的市场结构下，做这事的成本很高，且盈利点很小。

所以很少有人干这种傻事。现在通过移动互联网，可以实现有效的连接，比如我出火车站叫个人帮我提东西回家，比如我下班可以去隔壁栋楼的阿姨家蹭饭。这类O2O呢，有点捡边角料的意思，可有可无的存在，但也是一种可能性，只要有可能性且符合人性需求的，其

实都会有市场发生。

没有讲自营类O2O，因为这类O2O其实意义不大，只是原来是一张名片现在变成一个APP。O2O本质上还是电商，而电商的核心一定是规模，拉高规模就可以降低成本。

而你推广了半天，就只有单个产品，并且接客拉客都是自己来，除非能把整个市场吃了，不然成本就太高了。正常的逻辑一定是，我把马路修起来，然后上面跑来跑去的车子越多越好。

讲完O2O再聊聊分享经济，这一概念最近被Uber带的很火，我看很多投资人包括徐新、李丰他们好像都在讲未来的机会在分享经济。

共享经济这东西很大程度上是和前面的O2O重叠的，这些概念在国内被用的非常混乱，比如P2P也是，现在就专指网贷，坦白说截至目前，国内金融领域的P2P就从来没有出现过，我研究了两年的互联网金融，坦白说真没啥意思，都是高利贷银行，什么P2P啊，都是忽悠忽悠监管层、吓唬吓唬银行的。

概念三：共享经济。

在本书的开头我已经对共享经济做出了论述。现在要提的是有两个东西。一个是克莱舍基说的认知盈余，把闲置的时间精力拿出去一起去做件事，一人踩一脚把路踩出来，一群人义务而便捷地去做同一件事，我把这类更多地称为协作经济，最典型的是维基百科。

一个是把闲置资源的出售，国内的共享经济更多指这一类，Uber也好，滴答拼车也好，PP租车也好，小猪短租也好，途家也好，就是反正放着也是放着浪费，还不如出租。

这里我们要区别几类共享经济，第一类比如像神州专车，滴滴专

车，其实这类专车模式，并非我们理解的共享经济，它倒是更像区别经济。

什么意思？普通出租车和滴滴专车虽然都满足客户坐车的需求，但是专车服务在这层服务之外还满足了额外的需求，那就是私人的，定制的，个性的，高品质的。

所以虽然都表现出坐车需求，其实立足点却是不一样的。只是在专车没有推出之前，两个群体被混合在一起了，而专车服务的推出，把这部分客户群区别了出来而已。

第二类呢，是滴滴打车、Uber、途家、功夫熊、河狸家那些。他们并没有改变主体需求，要服务的人群其实和原先客户群是一样的。

不一样的是什么呢？是组织结构，原先是公司制、门店制的，现在呢是平台制。

这一改变就会解放更多的员工。目前的O2O基本上都在这个层面发生变革，刚才讲O2O的时候已经提到这一点。

看这一转变是否能成功，主要有几个考虑点：

第一，平台模式是否比公司模式整体的成本更低；

第二，客户是否还能享受到之前的专业化服务；

第三，员工的薪酬待遇是否变得更高。

如果能满足这三点，在未来各个行业都会呈现出大的垂直类服务平台。这完全是一场公司对平台的正面竞争。

而第三类呢，才是我们所说的优化资源配置的共享经济模式，像搭便车，其核心点是零成本优势。反正空着也是空着，哪怕不给钱，我也不亏。正是基于这点，它必然呈现价格优势。

由于此类共享经济并不解决供应不足即稀缺问题，而只是提供另一种生活可能性。所以其必然只是占有一部分市场，而非抢夺整个市场。并且越是具备专业化的领域，此类共享型经济其实就越没有机会，只有在专业性不强的领域，才会有很大的机会。

其实淘宝就是最大的共享经济平台，有啥东西都可以扔在上面卖，但问题是你要不能保证产品质量不呈现价格优势，那其实这个世界并不需要你。共享经济不解决稀缺性问题。行业专业性低，零成本优势，基本的质量保证，是共享经济得以成立的三个条件。

第二章

共享经济的思维模式

共享经济源自于一种认知：如果每个人都按自己的兴趣来过日子，那么资源很快会因为物欲而枯竭。于是，在人口激增、资源枯竭的背景下，共享经济应运而生，它意味着一种全新的商业结构。在共享协作的运行机制中，人们不再强调所有权，参与者之间的关系没有建立在所有权和使用权的分配交易上，而是由参与者提供产品或服务的入口，以径直对接需求，实现资源的优化分配。提供入口正提供了一种共享的可能性，不相识的顾客因为入口的开放于是可能相识，“共享经济”一词因此意味着一场可能性的未来。

共享经济是一种思维模式

当下，很多观察把这个魅力型闯入者归进“共享经济”的范畴，而“共享经济”这个术语其实在2000年就出现了，再往前追溯，1978年就有与之密切相关的表述。“共享经济”究竟是怎样的一种思维模态呢?

我自己的感觉，每个人都是自己的囚徒，他人的狱卒。这种模式是社会规范决定的人和人之间的距离，它是客观的，不是主观的。虽然孤独的时候，我们也期待模式能消失，每个人都像兄弟姐妹那样诚挚相待。但这种人际的乌托邦不仅不会成功，还可能造成灾难。因为人和人之间有复杂的利益纠葛、情感期待和回报。可以说，社会距离是各种力量制衡下最好的平衡，一旦这种距离被破坏，这种关系也会遭到破坏。

当然也有那种模式消失的感觉，比如热恋了，或者母亲和孩子。这种情况下，人和人之间的利益和情感完全融为一体了。但这种感觉是可遇不可求的，不是人为所能决定的。

毕竟共享是一种全新的思维模式。我们曾经强调对事物的拥有和控制，现在以互联网发展为契机，思维改变为“我们”共同使用，整

个社会资源得到了更好地利用。这还仅仅是个开始，未来随着大数据的发展，随着信息越来越灵活便利地生产、传输和处理，共享经济会更加深入渗透到各个角落，继而带来企业组织形式、社区居民关系等深刻的变化。

需要改变一个印象，Uber、Airbnb不代表共享经济的全部面相。在两者之前已经有不少全球性机构在践行共享理念，最为著名的应该是享有世界声誉的维基百科，由此衍生的维基经济也是风靡一时，另外一些营利或非营利机构，在理念传播和平台建设方面已经形成了全球性的影响力。

比如Shareable，是全球首家共享经济线上杂志，致力于共享转型，何谓共享转型？它是源自草根崛起的一条运动路线，志在摆平当今世界面临的重大挑战，这些挑战让高高在上的“老”组织一败涂地。

OuiShare，2012年在法国成立，之后陆续在欧洲、拉丁美洲和中东地区建立了协同机构，致力于创建全球协作者网络。

Echo（Economy of Hours）是一家英国的非营利组织，从事地方项目与国际网络的对接工作，聚合供需资源，通过B2B商业模式为“时间银行”提供长期的可持续性。Echo的目标是消除普通人与专家之间的区分，它推出了非营利性的、基于企业间的、以时间银行开展业务的合法模式，最终形成不需要货币交通的综合性市场。

共享经济外延广泛，形式多元，包括营利和非营利、贸易和协作等诸多形式，通过提供广泛多样的商品、服务和技能入口，通过“去所有化”，进行资源的优化配置，实现供需的有效连接，实现共享共

赢。共享经济内涵丰富，除了协作之外，信任和盈余是共享得以持续的必要条件。

1.信任

共享经济基于用户意愿，但同时要想形成交易，用户必须值得信赖。于是不少践行共享经济的组织很大一部分工作，便是建设和巩固其社区会员间（包括生产商、供应商、顾客或者其他相关方）的信任关系。

2.盈余

一个经典的例子可以帮助我们认识盈余：一辆车被使用的时间占8%，而92%的时间这辆车是被闲置的，这个闲置是“浪费”，然而这个“浪费”却是有价值的，于是“分享”这个“浪费”对于发挥其中价值，便是一种有效策略。

Clay Shirky的《认识盈余》中详尽地分析了这种未被利用的价值，他指出：我们许多人每天都有未被利用的能力，然而通过社会化媒介和信息技术，我们就可以轻易地分享自己的时间、空间、金钱和能力，来满足他人的一些小需求。未被利用的价值意味着产品、服务和技能的盈余能储，这部分盈余能储可以通过信息技术加以发掘利用。在现时背景下，“众筹平台”和“开放数据”是典型案例：

众筹平台，比如Kickstarter，在意愿认同的基础上，聚集个体资金支持制造商、艺术家、甚至市政性的项目和工程，花自己的钱兑现价值认同和需求满足；开放数据，现在许多国家、地方、联邦政府都有“开放数据”项目，比如data.gov和伦敦数据商店，通过开放或公开数据、信息，增强创新能力。

共享经济是对各种资源的利用

共享经济是闲散资产、碎片时间和互联网技术聚合下结出的美丽果实。正是互联网的飞速发展，极大提高了信息的流通效率、改变了供给方与需求方之间的信息不对称现象，使得个体对于个体的资源提供成为可能。因此，共享经济是互联网时代的直接产物，也是互联网所代表的开放、连接、共享精神的完美体现。

我有一个苹果，我给了你，我就没有苹果了。但我有一个好的想法或者有价值的信息，我给了你，我仍然还有这个想法，还有这条信息。

乔治·梅森大学的经济学家Christopher Koopman认为：共享经济让人们可以自由地交通闲置资本，将闲置资本转化为流动性资源。

纽约大学共享经济研究学者Arun Sundararajan认为：共享经济能够刺激消费、提升生产力、催化个人创新创业，这将对经济增长和福利保障形成积极影响。

其实，共享经济的好处不只这些，还有很多，比如：共享经济有助于降低碳排放和资源的消耗；有助于建设强关联社区；通过再分配利用物品，可以降低成本；有利于人们越来越独立，越来越变通，去

除“中心化”形成的催眠依赖，废除某些进阶障碍；有助于参与式民主发展；有利于加速提升全球城市的可持续性消费和生产，等等。

共享经济不是一个流行理念，而是顺应第三次浪潮的全球经济趋势，其发生兴起和持续发展有三大驱动力支持：

1.使能技术的主流带动

一大波“使能技术”已经成为主流，个人和组织很容易通过网络直接交互，这些技术包含“开放数据”，包含无处不在且成本低廉的手机，包含形式多样、功能细分的大量的社会化媒介，这些技术大大地降低了共享商业组织间的摩擦和冲突。

2.自然资源的持续压力

全球人口增长给自然资源带来持续性压力，引起成本和市场的波动，这对传统制造业冲击巨大。在这种语境下，循环经济赢得了众多全球性机构的认同，然而，实现循环经济的持续发展，必将依赖于经济主体信息技术的应用能力，比如共享数据的采集，需要越来越多协同合作和越来越有效的传播。

3.财政投入的大幅提升

据福布斯预计，全球共享经济的财政投入将超过2013年的35亿美元，增幅将超过25%。

我们知道，任何东西都有它形成的轨迹与路径，那么这种共享经济是怎么形成的呢？

首先我们可以追溯到19世纪，那时候物质很匮乏，所有东西都是公有的，没有人会说这个东西是我的，那个东西是你的，大家的物品都是公用的，而且人们之间相互信任，因为只有相互的信任才能让这

种公有制的行为维持下去。

但随着时间的推进，到了20世纪，物资开始有了盈余，这时候就出现了私有制和个人所有制，同时随着人口都涌向了城镇，人与人直接的关系也发生了变化，人们开始渐渐变得陌生和冷漠起来。

而现在呢，物资依然有盈余，某些东西开始闲置下来，但人们的需求开始变得多元化起来，很多需求得不到满足，这时候共享经济就作为一种解决办法又被推行了出来，与此同时，随之改变的还有人与人之间的关系，也随着共享经济的推出而又变得相互信任起来。

说一个特别通俗易懂的例子，大家小时家里都有小霸王游戏机，那会儿街坊四邻有游戏机的人不多，哥儿几个都去他家玩，这就是早年的共享经济，后来大家都富裕了家里都用了自己的小霸王，都开始跟自己家玩儿，这时候很可能小伙伴们彼此的联系就少了，朋友之间就开始变得陌生了。

到了现在，我们是多么希望能有一个人跟自己玩玩FIFA，玩玩NBA2K啊。你又开始邀请你的好朋友到你家和你一起玩了，当然，招待朋友嘛，你一般是不会要钱的。但这也是一种共享经济的思路，因为你让游戏机的另一个闲置的手柄也派上了用场。

如果这时候你觉得，这个模式不错啊，我也想做一个共享经济平台，怎么办？这里教你一个速成的法则：

第一，你要找到的方向必须是资源过剩的领域。什么意思？无论是时间、物品、知识，只有他们出现盈余之后才会被共享出来。所以我们说资源过剩是一切共享经济的根基，如果没有这个先决条件，其他都是无效的。

第二，你要搭建一个共享经济平台。当说到平台的时候，我们自然会想到网站、APP之类的，其实如果你很在意成本，你在你家小区里就可以搭建一个平台，你找个毯子往地上一放，邀请大家把自己闲置的物品都放在你这里来出售，而这个时候你就成为一个撮合供需两方的介质。这就是最原始的做法，而网站、APP只是将这种形式无限扩大并高效利用起来。

第三，按需分配。什么意思？就是当你这个毯子上放了好多好多人的东西之后，你去在小本子上面记住这些人的物品，按照这个小本子去寻找需要他们的人，直到让这些物品都成功地共享出去。这就是所谓的按需分配。很古老吧，如果用高大上的互联网手段呢？比如Uber的大数据算法，去计算离你最近的车主，Uber就会主动将你的订单推送给他，让你在最快的时间坐上专车。

第四，最后就是获得回报，就是你要让共享者可以在其中获得回报。这个回报不一定是金钱上的回报，也可能是心灵上的回报。比如因为帮助一个人，你的心灵是不是也会保持一天的喜悦呢？

所以我们说产能过剩是一切的根基，共享平台是介质，按需分配是手法，获得回报是结果，这就是一个共享经济平台。

2015年9月10日，李克强总理在夏季达沃斯开幕式特别致辞中指出，目前全球分享经济呈快速发展态势，通过分享、协作方式搞创业创新，门槛更低，成本更小，速度更快。可以说，在拉动经济增长的过程中，分享经济显现出了独特的优势。

首先是整合闲置资源，提升资源的利用效率。以“互联网+”餐饮”的典型代表“回家吃饭”为例，它致力于打造“家庭厨房共享平

台”，凡是有空闲时间、热爱烹饪且乐于分享的人，都可以免费在平台上开个家庭厨房；而没时间做饭又喜欢私厨的人，则可以通过平台预订附近的美食。

这种家厨共享模式，将众多“家庭厨师”聚集在互联网平台上，家厨并不需要增加多少新的社会资源，在为家庭做饭的同时，只需要根据订户需求多做几份即可，所谓“加双筷子、回家吃饭”，比较典型地描述了这种模式的特点。

其次是提供个性化产品和服务。以估值已经达到200亿美元，被戏称为“世界第五大酒店集团”的Airbnb为例，Airbnb提供的住宿虽然廉价，但从来不追求标准化。用户可以在Airbnb上享受到诸多个性化、本地化和充满人情味的产品和服务。此外，Airbnb提供的不仅仅是住宿，还是一整套本地旅游化的解决方案，让房客能够享受到真正的本地化独特娱乐和游玩体验。

再次是重建人与人之间的信任。从传统社会到城市陌生人社会之后，人们时常感叹，自己生活在一个陌生人包围的孤岛之上，周围充斥着人性冷漠和麻木不仁，早已不见乡土中国中的邻里相闻、互帮互助。但是，分享经济正在改变我们的行为方式，重建人与人之间久违的信任。

有了滴滴出行，我们可以放心地坐进之前被称之为“黑车”的私家车；有了Airbnb，我们可以在自己的家中热情欢迎从未谋面的远行客人；有了“回家吃饭”，我们又找回了邻里互相守望那份温情，封闭的家庭厨房变为“邻里食堂”——“安心饭菜，邻里共享”。可以说，我们进入了一个因分享经济而打造的亲密时代。

如果你开了一个共享平台，我说的是在小区里原始的那种，别人会问你为什么说共享经济是一个好模式，是一个向善的模式?

当文明进步翻篇到信息时代，比特世界兴起。互联网诞生于1969年，如今快要半个世纪过去了，全球已经有一半人口浩浩荡荡迁徙进比特世界，这也给我们带来了翻天覆地的变化。今天，对我们而言，越来越有价值的不是嘴里啃的面包、身上裹着的衣服，而是信息。信息的一大特性是:不会因为分享而减少，却可能因为分享而增多。

比特世界的这种气质，又返回来悄然改变原子世界。

大数据助推共享经济

大数据互联网时代大家在抢的是智慧资源。

党的十八届五中全会首次提出“发展共享经济”的概念，并将“网络强国”“大数据战略”提升为国家战略。共享经济商业模式是互联网时代的标志性产物，共享经济理念借力互联网大数据在各个行业领域深度融合，已经成为世界性的大趋势。目前，全球共享经济呈快速发展态势，是拉动经济增长的新路子，通过共享、协作方式搞创业创新，门槛更低，成本更小，速度更快，这有利于拓展我国共享经济的新领域，让更多的人参与进来。

共享经济，也称分享经济，是将原先由于技术手段或商业模式的限制而无法参与经济领域的生产生活资源，通过大数据、云计算、物联网等新兴信息技术手段所创造的商业模式投入到经济活动与经济流通中，重新产生经济价值、创造社会效益的经济模式。互联网平台的共享经济是在数字信息规则下，所有者并不改变所有权的情况下，将使用权在一定条件下让渡给他人，实现社会资源的最大化利用，这种模式在移动互联网的作用下迅速扩张，形成了共享经济新浪潮。其实商品共享的概念并非最近才出现的，但是借助发达数字技术的发展，

消费者利用互联网将共享经济带到了一个新高度，传统的企业和消费者之间的界限正在不断弱化，人们开始逐渐放弃传统的商品购买方式和服务，转而在互联网上寻找商品共享服务。共享经济是互联网时代的商业模式创新，其快速发展也将带来商业、技术和服务方面的变革，网络技术降低了人们参与成本和共享成本，让人们能比以往更加便捷、快速高效并且价格低廉地获得共享资源，带来消费者之间的共享、交换、借贷、租赁等共享经济行为的爆炸性增长。互联网共享经济为闲置资源创造了市场价值，更是降低了信息不对称，使消费者能以较低价格购买和提供商品和服务，大大降低了共享经济的门槛，资源交易参与方能够在互联网环境中打破时间与空间约束，吸引更多的人参与其中，也就是共享经济带来了另一个好处创造就业，这在复苏乏力的经济大背景下尤为重要。互联网平台的共享经济虽然改变了共享的模式，但并没有改变共享经济的本质属性即利益共享。

当前，数字平台经济正在兴起。无论Amazon、Facebook、Google还是Uber，诸多公司正在构建网络平台以推动星罗棋布的个体生产活动。作为“第三次全球化”的必要组成部分，平台经济正在重构人们工作、社交、价值创造和分配的方式。但事实上，最终决定这场变革结果的并不是平台本身，而是我们即将在社会、政治、经济政策上做出的选择。

从不同角度出发，数字平台被贴上了不同的标签。支持者多称其为“创意经济”或“分享经济”，而保守者则称其为“零工经济”或“不稳定生产者的经济”。相比前者，后者更关注数字平台对于生产者及其收入的影响。无论是何种标签，每一个平台都依赖于用户参与

生产：Google将用户的搜索行为转换为具有丰富价值的商品，Facebook运用用户的在线社交搜集大量可出售的数据，而Uber则看准用户交通需求充分利用私人汽车。

平台能调动用户参与生产，也会对用户产生巨大影响。乐观派们强调，以Uber为代表的平台能够释放未被充分使用的个人资产的商业价值，而类似于Youtube的平台则将让每一位用户都能成为具有灵活工作时间并从平台收益的创业者——真是如此吗？对劳动者和工作任务提供匹配服务的平台可能使劳动力市场更有效率，一旦推广开来，该模式很有可能导致工作时间的碎片化以及兼职工比例的迅速增加，这将令劳动者难以享有与雇用全职工作相匹配的保障权益。因此平台经济带来的第一个问题便是：面对技术进步创造的工作岗位和被替换的工作岗位之间的冲突，我们应该如何平衡？

严格来说，数字平台引起的产业变革并不一定导致“无工人社会”的出现，更可能的情况则是出现一个工作岗位和价值创造都极度分散化的社会，而平台所有者则十有八九会控制所有交易并攫取主要利润。尽管围绕平台工作的某些个体生产者通过广告分成、粉丝付费、众筹等方式能够获得高额回报，但大量用户处于“长尾”之中，他们生产了平台上大多数内容却得不到任何物质回报。由此引发的第二个问题便是:数字平台究竟是会激发新一波的创业高潮并释放固定工作日程压抑下难以想象的创造力，还是会导致一大波无依无靠的失业者仅依赖打零工或临时合同维持生计?

在解决上述两个问题之前，我们还需要认识到平台经济下的两个现实。首先，正如莱辛格所提出的“代码就是法律”，在数字平台时

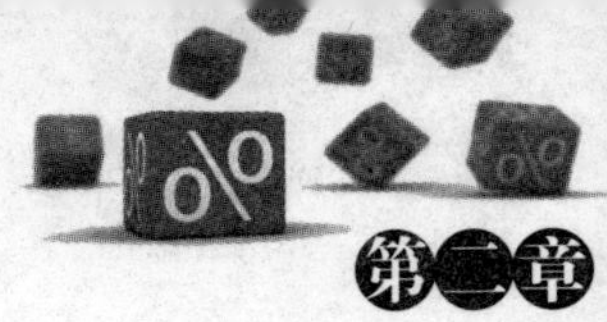

代，算法和平台塑造并约束着相关主体的行为，纸面上的法律却往往难以执行。平台企业家越来越坚信，如果他们能够获得先发优势，那么他们便可以通过在现实中制定新的行为规则从而修改现有法律，比如Uber的程序员已经在重塑社会行为。政府规制本可以影响新技术的使用方式及其可能带来的后果，但在平台经济中，政府决策的效力却受到软件代码的约束。代码所拥有的巨大权力引发人们思考：谁来编写代码，而代码中又隐藏着谁的价值取向？再者，尽管公共政策非常重要，但公司策略也已经具有深远影响。对公司而言，员工是其所承担的"成本"还是值得开发并提升的"资产"？这些"资产"需要属于公司吗？谁又应当承担维护与升级的成本？

我们可以认识到，无论是代码的约束还是公司决策的影响，二者对于当前的政策选择都至关重要。那么在数字平台时代，我们究竟需要怎样的经济和社会政策？

当我们偏好企业家精神并试图推动平台经济的发展时，我们大致会选择鼓励更灵活的工作方式——不论劳动者是希望打造一个平台，抑或只是想作为生产者在平台上获取收入。一旦如此，我们又该如何说服传统工人接受弹性工作制的安排，并保证他们将获得更多的收益而不会成为平台经济的牺牲品？合适的社会政策势在必行。

我们看到现在的数据，确实是有很多的年轻人开始放弃买车的意愿，是因为我们没有必要为了5%的时间驾驶去买一个100%的车，它是不经济的，而且你在开车的时候，你干不了别的，你不如坐在车后面可以打电话，你到地方不需要去停车就可以走，真正等共享经济的体验变得比自驾体验更好的时候，相信真正共享经济的革命就会到来。

以大数据战略推进共享经济的发展。大数据和共享经济的关系可谓是一对天然的“孪生兄弟”，共享经济正积极快速地向传统各个行业渗透融合，共享经济的发展离不开大数据的有力支撑，大数据正成为推动共享经济向前发展的核心推动力，十八届五中全会将“大数据”“网络强国”上升为国家战略，将进一步助推共享经济的快速发展。目前，国家层面正在积极布局和实施大数据产业政策，将有力地促进共享经济发展。中国信息通信研究院发布的《2015年中国大数据发展调查报告》预测，2015年中国大数据市场规模将达到115.9亿元，增速达38%。预计2016年至2018年中国大数据市场规模还将维持40%左右的高速增长，鼓励大数据行业发展的利好政策亦不断落地。在大数据的黄金时代，大数据的发展为共享经济提供了可靠基础，提高了共享经济发展中海量数据的处理和分析能力，能够快速找出事物间的相关关系，能快速做出决策。各地方政府要着力加快推进大数据建设，加快大数据产业化高速发展，解决各部门之间数据的互联互通和共享、开放，加强大数据动态的跟踪研究，切实建设数据政策体系、数据立法体系、数据标准体系，围绕大数据进行产业升级和布局，将极大地促进共享经济快速繁荣发展，带动新一轮的产业升级浪潮。

共享经济改变传统经济

我国经济面临着产能过剩的困境。去年以来，中央不断强调供给侧结构性改革的重要性，提出去产能、去库存、去杠杆、降成本、补短板的任务和减少无效供给、扩大有效供给的目标。

“共享经济”的发展跟经济危机关系很大，当遇到经济危机这样的当头棒喝时，人类对于自己买了太多“无用”物品会有更深刻的领悟。

“共享经济”将拥有产品变为拥有产品的“使用价值”，人们从“占有”的执着中解放出来，转而去拥抱“使用”。

基于互联网的共享经济目前来看已经大大改变了不少行业的格局，相对传统行业，它们拥有更大的优势：

1.更节约的时间；

2.更优化的资源配置；

3.更灵活的就业。

2015年夏季达沃斯论坛在大连召开，在《创新前景展望》主题论坛中，滴滴快的的创始人程维谈到，过去50年更多是拥有经济，我们所有的人奋斗的目标是能够拥有一个房子、车子，中等富裕的生活，所有人为了需求去大规模的生产，制造各种各样的内容。现在刚好到

了一个临界点，拥有经济变成共享经济。

以下是部分发言实录：

过去50年更多是拥有经济，我们所有的人奋斗的目标是能够拥有一个房子、车子，中等富裕的生活，所有人为了需求去大规模的生产，制造各种各样的内容。现在刚好到了一个临界点，拥有经济变成共享经济，不可能每个人拥有一辆车，还有那么多人没有车的时候，整个城市不能负载这么多的资源，包括能源的革命，这个会促使整个社会发生新的改变，促使那些拥有变成更大的利用现有资源的效率，像Airbnb、滴滴都是希望能够使得在这样的浪潮之中，通过共享经济模式和精神、互联网的技术，通过互联网用户端的关注提升体验，大家可能没有拥有但是比你拥有体验不差甚至更好。

并没有说是需要我们去共享我们的厨房跟别人一起去吃饭，并没有说要去共享我们的衣服，可以一起穿衣服，但是共享出行的交通工具已经开始变成了一个必需，这并不是因为生产汽车的成本有多高，更多的还是因为道路资源的有限，城市还在不断涌入更多的人，在第一天设计的时候并没有设计这么多的人涌入，大家怎么出门？我看到很多的地方，是限制牌照或者说限制出行，不能买车，买了车不能开车，提高出行的成本，像拥堵，停车费，这些都还不是问题被解决的关键，更多的关键还是让那些第三方出行服务共享出行的服务，比你自驾的服务变得体验更好，自然大家就没有再买车的意愿。

而共享经济作为一种新的经济模式，在化解产能过剩和扩大供给方面不断给人新的思考。2016年1月20日，在由中国国际经济交流中心和光明网共同主办的“十三五开局之年 新常态新机遇”研讨会上，

Uber（优步）中国大数据专家江天表示，“共享经济理念就是达到一个供需关系的平衡”。

传统经济学理论认为，有需求才会有供给，而只有供需达到平衡，才能保证经济生活的顺利进行。但在当前的经济形势下，由资源配置失衡导致的供需关系不平衡已经产生了一系列问题。以出租车行业为例，一方面私家车95%的时间都是闲置的，另一方面打车难仍然普遍存在。

这就是有效供给与无效供给之间的矛盾。那么如何解决这个问题呢?

移动互联网提供了解决方案。只要有一台智能手机，随时随地都能查到交易双方的信息；当车辆预约、沟通、服务、交易都可以在一台巴掌大的智能手机上、短时间地实现整个流程时，移动互联网就打破了传统出租车行业所面临的时空限制，使得车辆共享成为可能。

这就有效解决了供需不平衡的问题，而它的关键在于移动互联网的发展。

事实上，早在20世纪70年代，“共享经济”概念就已被提出，但直到最近两年才真正发展起来。WIFI万能钥匙联合创始人、副总裁李磊在接受光明网记者采访时表示，这与当前的经济形势和移动互联网的发展密不可分。

在共享经济时代，过剩产能不再是烫手山芋，而是一种更加廉价、便捷的原材料。罗宾·蔡斯认为，利用过剩产能的成本总是比购买新的原材料要低，并且花费更少的时间和精力。共享经济虽然不直接生产商品，但它能够通过资源的重新配置产生新产品，进而刺激新

的消费需求。

也就是说，发掘出闲置的车辆、房间，与建立一条新的汽车生产线、盖一栋酒店大楼所产生的价值无异，而且前者又能节约产能，提高资源利用率。这恰好符合供给侧改革强调从供给端发力、扩大有效供给的思想。

事实上，这几年来，政府促进供给端改革的一系列政策就催生了很多共享经济模式的企业。在“互联网+”和“大众创业、万众创新”的口号下，各式各样的创业公司如雨后春笋般成长起来，滴滴快的、WIFI万能钥匙、闲鱼等共享平台就是其中的佼佼者。

但这些还远远不够，除了住房和交通行业之外，在医疗、教育、食品、旅游等民生基础行业，还存在着大量的资源配置失衡的问题。可以预见，在中央政策的支持下，共享经济将迎来一个新的发展机遇期。

虽然社会保障总被诟病为损害工作积极性，但方兴未艾的平台经济及其相伴随的广泛零工现象，使得越来越多的人开始关注北欧社会政策模型。具体而言，保障政策由公民身份决定，而非由雇用与否决定。这既使雇主能够根据需求灵活调整雇员数量，同时也能够让政府以职业培训、工作安置、基本收入等方式保证工人的基本权益。当然，这并不是包治百病的灵丹妙药。我们也必须考虑，在鼓励企业家冒险精神的同时，以社会权利的名义为工人提供社会保障，是否能使平台经济成为可持续增长的动力源泉?

作为世界第二大经济体，中国自然也面临着平台经济崛起的事实。陆金所是提供P2P借贷服务的金融平台，滴滴是网络约租车服务平

台，优酷则是用户上传内容的在线视频平台。在“互联网+”作为国家战略的大背景下，这些数字平台不仅被视为经济转型的重要工具，围绕它们的经济生态系统也被视为“大众创新、万众创业”的重要组成部分。

由于政策环境、发展历史的差异，中国的平台经济具有其自身特点。一方面，中国数字平台的垄断性和控制力略胜一筹，因而它们在价值分配上占据主导地位。例如，国内游戏产业的绝大部分利润为游戏平台所占据，移动应用程序开发商则往往受制于分发平台的约束。这不仅有可能伤害创新活力，同时也减少了个体生产者从平台经济中所能获得的相应收益。另一方面，中国更为充沛的劳动力人口以及更为庞大的服务业市场，促使平台经济迅速扩张至新领域。出行、外卖、物流、医疗、个人服务，数字平台在各个细分领域不断出现，劳动人口正逐渐从产业工人转变为平台经济下的“不稳定生产者”。此时，服务质量的规制固然是挑战之一，但对于经济的可持续增长而言，更重要的问题还在于如何为劳动者提供合适的社会保障以使之具备抵御不确定风险的能力，进而获得有尊严、可持续的生活水准。

无论如何，平台经济的崛起都为中国经济的再次腾飞提供了机会。我们不可回避的问题是，平台经济所创造的巨大价值能否为全社会公平享有，而非被少数平台所占据？美国和欧洲已然严肃对待这些问题，中国自然应该重视。但就未来可能性而言，答案依然是开放的。最终结果依然取决于我们的政策选择——谁能参与竞争、如何创新、如何创造价值、谁来获得价值、如何保护社区和工人权益、如何抓住剧烈变革过程中出现的大量创新机会。很显然，冷静而深入的思

考将有助于我们清楚地认识到，我们在未来究竟将创造一个什么样的平台经济。

共享经济的本质其实是供给侧的一个重构，如果我们回到上一次的工业革命，我们发现其实是一个非常清晰的脉络。电在最早应用到工厂的时候，它是分成两个阶段。第一个阶段有点类似早期的第一波互联对现实世界的重构。它更多的是直接把蒸汽机换成了发电机，是使用的能源结构的一个升级。

而早期的第一波互联网应用的实体行业，他们大多数就是把获客方式，从以前口口相传，或者是从我们叫街边店、自然人流，换成了我用移动互联网的信息的方式，或者用互联网的信息的方式，加速了信息流动。加速信息流动有很多衍生的形态，比如加速资金的信息流动，比如我的交易不再用纸质的媒介，而是用电子的媒介。但是从这个整体来讲还是第一波的变革，就是把发电（能源）形态改变了。

而你会发现第二次工业革命的二十几年之后，发生了第二波的很大的变革，它是生产力重构，就是工厂本身的形态发生了很大的变化。因为电的产生使得整个工厂能源的效率，发生了彻底的变化。以前蒸汽机的时候，它的联动轴的设计，导致它的工厂的规模必须很小，因为联动轴超过大概一百多米的时候它的效率就锐减了，所有的设备必须放在蒸汽机方圆一两百米的范围内。所以你会发现这个工厂是做不大的，基于这一点，有很多很多衍生的形态也就发生了变化。比如工厂既然不太大，那放在市区也就是OK的，放在市区是OK的也意味着里面生产的工人，可能男性女性都会有，尤其早期都是纺织工厂，女性会很多。还有工厂的整个组织架构是比较简单的，比方说不

需要职业经理人，可能就是领班的一个人，三层结构可能就完了。比如说工厂主、一个领班的、普通的工人，就结了。

那么你会发现第二波的变革，是整个工厂生产形态的重构。因为电的产生，就是因电而起，又跟电无关。它变化的所有东西，其实跟电的效率的提升已经没有关系了，它变化的本质是工厂要搬到郊区去，它的规模变大了十倍、二十倍，因为电的电线是可以迁移到很远很远的，两百米、五百米、八百米、一千米，其实电的效率都没有发生锐减。

第二个是说随着工厂规模的变大，你会发现只有郊区有这样的地方。很多工人的身份发生了转变。以前可能是女性上班的很多，女性上班的方式可能是每天只工作六小时，后面你会发现如果要搬到郊区去，一个人好不容易从市区到郊区，那一定是让他的工作时间更长，这样才有效率。让他赚到更多钱，不然他不愿意出去，所以你会发现工作时间就变长了，工人的数量变多了。这个时候你会发现需要管理的层级，可能不是只有三级了，可能有四级、五级、六级，可能有流水线线长，可能有经理，经理可能有大区，有片区，有很多的层级出来了。

层级出来之后又衍生出很多其他的体系，比如咨询公司可能就出来了，因为层级多了之后要计算，很多的流程的优化，这个体系就需要有人专门去研究了，包括大学也就出来了。所以说第二波的变革，本质上因电而起又跟电无关。我们互联网也是一样的，我们认为现在我们面临的供给侧改革，就是所谓的第二波变革，它的变革的东西是实体行业，生产本质发生了变化。

共享经济与产能过剩

在我们谈到“共享经济”与“过剩产能”时，我们不得不提到有效利用的循环经济。优客工场创始人毛大庆说：“我们最近发现我们出现了一个新的业务模式，有些公司开始来共享我们的会议室，这些会议室还不是我的场内企业在共享，是场外企业在共享，今年北京特别堵，在这一带开个会，就需要两个小时，就需要找个会议室，其实这个会议室，每家公司都是闲置的，我调查过会议室的使用率，大公司不会超过30%，一个会议室有20个座位，只坐着三个人在里面开会，经常是这样的。比方说在城市中间拿出闲置的会议室，跟大家共享，会解决什么问题呢？解决了交通问题、人流量的问题，甚至于还解决了环保问题。所以其实一个衍生的共享随时都可能会发生。”

“独乐乐不如众乐乐。”其实共享经济的概念非常简单，就是将闲置的私有资源分享给需要使用的人并从中获得经济回报。其本质是互惠互利，将资源利用最大化。

小时候我们会把漫画书、玩具之类的东西跟别的小朋友换着看、换着玩，其实这就是最简单的共享经济。只不过现在信息技术发达了，有头脑的企业家们设法把不同地方的闲置资源连接起来，并通过

完善的交易平台来提供稳定、持续的服务。

这些利用共享经济的公司不需置备资产、不用开店，可谓一本万利。

每一次去香港的时候，都不免好奇，为什么在人工很贵的地方，有那么多又便宜又好的水果，而在内地却乏善可陈。

阿兰·德波顿跟踪过金枪鱼从印度洋到英国的捕杀制作运送过程，他在《工作颂歌》一书中对此详细做了描述：溯流而上观察货箱被人遗忘的艰难旅程，见证货仓的秘密运作。……我们的日常生活中随时接触商品，却在观念上对这个体系熟视无睹。

每每翻看《工作颂歌》一书时都有一种脱离时代的感觉。我们每天流连于琳琅满目的商品，但很少想象每一件商品从最初始的矿坑、田间出发时的样子。《彭博商业周刊》在苹果手机大受市场欢迎的时候，曾去印度尼西亚的一个偏远的锌矿进行探访，原因在于苹果手机壳上使用了这种镀锌的材料。

最近听到的两个数据让我惊讶，我们在生活中每天看到的都是一个个流动的毫无意义的点，犹如物理上的布朗运动，既看不到规律，也毫无意义可言，但却对生活方式和生活质量影响巨大。一个是鸡蛋的故事，每年中国有亿元人民币的鸡蛋市场；另一个是卡车司机的故事，中国有万名卡车司机。

在城市生活中，我们更多接触的是出租车司机，在全国有好几百万名。但当我第一次听说中国卡车司机人数的时候，不仅仅是其庞大的数量让我吃惊，更让我惊讶的是他们的存在，一边是浪漫主义式的——一个家庭，夫妻或者兄弟就可以驱动几十万元甚至上百万元人

民币的家庭资产——大卡车，在城市间穿越，就像阿兰·德波顿描述的金枪鱼的捕捞者出海时的烂漫情景；一边却是留给公众的糟糕印象：散乱差与呼啸而过的安全隐患。

在相当长一段时间，人们提起卡车司机，总是跟超载、超速相联系。但如果换一种角度，感知会很不一样。中国每年产生价值万亿元人民币的货物，有一部分是依靠万名卡车司机的昼夜兼程，剩下的货物由铁路、航空和水运完成。我们购买的每一件商品，大概有四分之一的成本由路上的费用组成。从最开始的原材料运到工厂里加工，最后成为商品送到家门口，每一个环节都需要流动。流动的效率决定了一种商业模式。

在中国，有上千万的家庭，家庭的主要资产就是一辆大卡车，夫妻、兄弟，或者再雇用一位司机就上路了。拥有一辆进口的斯堪尼亚还是国产卡车，卡车司机及其家庭的境遇因此差别很大。相当一批卡车司机及其家庭，因为拥有一辆好的大卡车，其收入远在中产阶层以上。一辆13米长的进口斯堪尼亚大卡车，价格在100万元人民币左右，它的效率非常高：从成都到长沙，16小时就可以跑完，而同等吨位的国产大货车花的时间可能是两倍。而且斯堪尼亚年省下的油钱就足够买一辆同吨位的国产货车。

新闻中屡屡有报道，但是公众并不知情，大卡车为何总是要超速和超载。而人们也许毫无痛感，超速和超载与我们的购物荷包有着密切的关系。背后的原因说来简单，却游离在公众视线之外：中国大部分卡车都是个体户营运，他们经常处于信息孤岛之中，当他们满载货物从上海到郑州，却无法在回程的时候也有同样的运气。去的时候欢

天喜地，回来的时候是空车，既造成运力浪费也成为经济痛点：推动了全社会经济成本提升，并转嫁给我们需要购买的商品价格。

卡车司机的痛点多年来都是宏观经济的痛点，中国的物流费用两倍于欧美。《彭博商业周刊/中文版》在年底曾发表过一篇特写《卡车司机大联盟》，对其中的痛点有过深入的描述。中国没有诸如罗宾逊这样的货运组织，也没有像UPS、联邦快递这样的高效物流公司，也缺乏类似普洛斯这样的物流仓储管理者。

一些投资者开始对相关领域进行投资。聪明的投资者不免联想：能否建立一个类似淘宝的让货物和车进行匹配的平台，卡车司机不再需要超载超速。人们可能很吃惊，中国的每一辆大卡车平均每天行驶里程只有1000公里，以70公里每小时计算，相当于中国卡车司机每天工作时间只有15小时（一般一辆大卡车有两个司机）。或许到此时，我们可以找到部分答案：内地水果为何既不如香港丰富，也没有香港便宜；我们的社会网络一方面过剩，一方面却如此低效。或者建立一个类似Uber这样的共享经济组织，让过剩的卡车和过剩的产能进行匹配。

如果回顾一下商业与互联网的历史，解决经济和社会的过剩问题，是互联网演化的本质趋势。每一次经济危机，实际上是一次过剩的危机。受经济和商业周期的影响，我们的新常态是：信息过剩，商品过剩和资产过剩。

早期的互联网，以雅虎为代表的门户，解决了信息不对称和信息不足的问题，但到了第二代，互联网才真正开始发威，指向解决经济和社会的过剩问题。

以阿里巴巴为代表的第二代互联网企业，解决了中国大量的产能过剩和就业不足的问题——人们只要在家里拉一根网线，就能配合中国作为全球制造业中心的产能释放；以谷歌和百度代表的搜索网站，解决的是信息过剩的问题。现在互联网发展到第三代，也就是移动互联网，让我们进入了共享经济时代，实质是激活社会资产过剩。以Uber和Airbnb为代表，将居民最重要的两项资产——房子和车子进行共享。

共享经济时代，其实就是过剩时代。在美国，一辆大卡车每天可以跑近1400公里。当我们的一辆大卡车提升一倍的效率，每天在路上可以跑2800公里，意味着我们的商品价格会大幅下降。

我们知道，将个人拥有的过剩资源分享给其他人使用，并获得某种意义上的收益，过剩产能、共享平台与人人参与的完美结合，这就是共享经济。

中国很有可能是全球分享经济的领军国度，工业时代并不是我们引领的，但是我们相信分享经济时代中国很有可能超过美国和欧洲，是因为原来中国的资源比他们更加瓶颈。

10年以后大家就会不再买车了，10年以后买一辆车就像今天我们买一匹马一样，变得非常奇怪。很多人说我开车有驾驶乐趣，那还有赛马场，还有赛车场，想开去那里开就好了。中国的城市白领购车的意愿在过去两年时间里下降了20%，这是麦肯锡的一份报告里的数据。

美国所有顶尖的互联网公司都在做未来汽车，苹果在做汽车，特斯拉在做汽车，Google、Uber在做无人驾驶，他们相信颠覆这个行业的一定是像苹果一样的科技公司，会有一个互联网公司做一个未来的智能汽车出来。

大家觉得十年之内欧洲的传统汽车企业挡得住互联网汽车吗？我自己交流下来，我自己的感觉是挡不住，不在一个时代，不在一个考虑的维度上面。它（手机）本质上还是一个通信硬件而已，跟今天的汽车很像，需要这么多品牌吗，需要这么多型号吗？

无论是传统租车还是购车，你都得花费比自己预想得更多的资金，其结果就是严重的资源过剩。我知道Zipcar会成功，因为它只让人们支付他们需要支付的用车费用。多余的车可以用来共享，或是由其他有需要的司机购买。与其拥有一部车100%的使用权而只使用其4%，不如让成本和使用率更为匹配。与其让1000个城市居民拥有400辆车，不如使用Zipcar让1000名经常开车的司机只使用30辆车也能感到满意。

共享经济改变生活

共享经济已经在悄然地改变着我们的生活方式，它正在用全新的方式满足人们日常衣食住行学等方面的需求。当我们回过味来，它已经渗透进了我们生活的方方面面。它正在用全新的方式满足我们日常衣食住行学等方面的需求。

例如，改变了人们出行方式的Uber、滴滴出行；改变了人们住宿方式的Airbnb；改变了人们学习方式的多邻国…可是在这些改变背后隐藏着诸多的故事和数字你知道吗？希尔顿酒店经营了95年，才在81个国家拥有61万个房间，但空中食宿（Airbnb）只花4年就超越了希尔顿，累积了超过75万个房源。不仅是Airbnb，还有58同城、优客工场、E袋洗也都有着同样的经历。

在一个无精打采的下午，自己开着Uber在附近溜达，然后载几个同道的乘客回办公室继续写稿；一个人郁郁寡欢的时候，拿着别人的购物清单去超市买买东西；外出旅游时，把自己空出来的房间用Airbnb租出去……

或许在某一天，你会惊讶地发现，自己“小金库”里的存钱竟然比工资卡里面的还要多。

以Uber为代表的共享经济模式正在逐渐深入人们的生活，它给人们的生活带来方便和自由：不需要固定的办公地点和办公时间，也没有规定工作内容的合同，但是收入不菲。这种共享经济模式不仅改变了人们的生活方式，而且改变了人们的工作方式。

2009年，Uber在美国旧金山起家，一开始它是一款打车应用软件，也是共享经济的代表。共享经济最吸引人的地方就是它的灵活性，它通过合理配置限制资源，让每个人随时都可以参与并受益其中，从而实现利益的最大化。

很多Uber司机都是把通过开Uber赚取的钱作为额外收入，他们都有自己的正式工作。例如中科院的赵师傅，他的本职工作就是司机，工资不高，但是工作清闲。每当有闲空，他都会开着Uber在五道口附近溜达，赵师傅说："得空就会出来闲逛，到了11点半就准时回家，如果工作累的话，就直接回家休息，时间很随意。"

他说自己每周通过开Uber能够赚取500元，钱虽然不多，但是却给生活减轻了不少负担。"那些每月通过滴滴打车开出租赚取3万元的司机，工作相当累，而我就想挣个给车加油的钱。"

开车对于长期坐在办公室的脑力劳动者来说是一个很好的调节方式。调查显示：在美国，Uber司机有48%是受过大学或更高学历教育的，远远高于出租车司机（18%），还有劳动力均值（41%）。在工作之余，偶尔做一回陌生人的司机，对他们来说，不仅可以放松身心，而且还可以扩大自己的交际范围。

同样，你也可以在业余时间，通过Instacart获得购物体验并赚取一部分钱。只要你是年满18岁的成年人，能够搬动12磅（大约11公斤）

以上的重量，在晚上和周末有空余的时间，并拥有一款最新的智能手机，你就可以加入Instacart，成为其中的一员。当你想去购物时，随便帮邻居买下他们需要的商品并送货上门，就可以获得25美元每小时的报酬。

Taskrabbit则可以让一些有空余时间、有一定技能、没有固定工作，想通过兼职来赚钱的人们给那些需要搬家、组装家具、打扫卫生等的并且愿意为他人的劳动力而付钱的这些人打工。

通过与传统出租车司机相比较，Uber司机看起来是一份令人向往的工作，它的工作时间自由，而且时长短，时薪还高，然而，通过了解事实你才发现，其实不然。

将开Uber作为全职工作的张师傅在北京已经有十多年了，一直以开黑车为业。他说，Uber并不是大家想的那样好，Uber司机并不好当。

首先，Uber司机自己对事项进行决策的范围和程度很小。张师傅的车上配有一台iPhone4s，但是手机和网卡都是由Uber公司提供的，所以只能使用Uber的软件。在驾驶的过程中，为了便于Uber后台对整个行程的监控和计费，也只能使用Uber导航系统进行导航。张师傅说："从一下单开始，所有的这些都由Uber软件说了算。"

其次，乘客的不确定性造成成单率的下降。与一般的打车软件抢单方式不同的是，Uber使用的是系统派单，司机不能选择乘客。由于很多乘客对Uber的APP还是很陌生，所以导致司机在接单的过程中状况百出。有一次张师傅在接了四单的情况下，却只做成了一单——有注册手机和叫车人不一致的，有直接取消订单的，有恰巧朋友来接

的——所有这些情况都造成成单率的下降，而这其中的损失由公司司机自己承担。

张师傅还向我们提过有关于他的一个朋友的有惊无险的经历。有一次，在三里屯的附近，有几个喝醉了酒的年轻人用Uber软件打了车，他们上了车，在车开出几百米之后，却故意在APP导航上取消了行程。司机见状，却也不好说什么，只能带着他们去目的地。然而，幸运的是，公司通过导航软件发现了其中的异常，通过电话询问了解到当时的情况，事后还给予了司机一定的补偿。由此事件可以看出，Uber的运营确实存在着漏洞，它的不完全合法性，造成司机师傅即使遇到事端也不会向警察报警或向法院投诉，而公司能提供给他们的保护和补偿也是有限的。

除此之外，比起全职或者自己单干，开Uber所能获得的收入无法预知。价格策略由平台决定，司机的收入也受平台的牵制，而且司机没有一点发言的权利。张师傅说："Uber现在正处于推广期，它的费用要比出租车低，在推广期过后，Uber还要每单再收取20%的佣金，这是一笔不小的数目。就在昨天，北京又将全线下调30%，对于Uber司机，不知道是福还是祸。"

综上所述，自由性和不确定性是共享经济的两个不同的方面。

尽管Uber存在着许多不完善的方面，但Uber开启的共享经济模式，使人们的职业变得多元化。像《纽约时报》中的一篇文章所提到的：它可以让人根据自己的日程自由安排自己的工作，而不是让工作限制了自己的日程安排。

随着知识经济时代的到来，人们的工作划越来越细致，朝九晚五

的工作制度限制了人们的工作时间，人们往往可以根据自己的需求，通过合理安排时间促进自己的工作效率；然而，完全通过自己控制时间掌控工作进度的工作者往往面临着更大的压力，因此，这种职业并不是每个人都适合。

以Uber为代表的共享经济模式以按需分配为核心，通过中间平台，合理调配资源，将风险尽可能降低。

Arun Sundararajan（纽约大学商学院教授）对纽约时报记者说："我们正在定义一种工作方式——既不是全职，也不是单干。"

除此之外，在科技发达的今天，一些工种正面临着消亡：机器人可以代替人工进行流水线上的体力劳动；人工智能可以代替记者写材料；Instagram（照片墙）这样的公司用十几个优秀的人才便可服务全世界的用户。这些都导致了青年失业率的增加。

共享经济能给人们提供更多的就业机会：开Uber、替人购物等。这些都不需要具备多么专业的技能，只要你有时间、有一定体力、有意愿，就可以通过智能手机APP做自己想做的工作。智能手机APP可以根据时间、地点和技能将劳动力进行合理分配，从而使资源利用最大化。

到2014年年底，全美已经拥有16万Uber司机，仅在2014年12月，就新增了4万名签约司机。在旧金山，Uber已经成为岗位就业者的香饽饽。

这是一个充满着机遇与挑战的时代，现在很少年轻人会像父辈一样，一辈子只安分守己地做一份工作，每个人都在伺机而动，为自己的职业发展寻找新的机遇。

同时，人们根据自己的能力希望可以多涉及一些领域以丰富自己

的生活和工作，并且在人生的每个阶段会发生不同的变化：家庭、理想、金钱或者成为某一领域的专家……显然，一份全职工作已经满足不了人们的愿望。

共享经济给我们带来的启示是：未来，很多人将不再视朝九晚五的全职工作为自己工作的全部。全职工作作为稳定收入的来源，却不再是收入的唯一来源。你可能同时兼做Uber司机、Instacarter买手、Airbnb房东、Taskbabbit达人四项工作中的两项、三项，甚至四项。

通过共享经济所提供的平台，你可以灵活支配自己的时间、金钱和技能，找到让自己舒服的生活方式。同时，你还可以扩大自己的交际范围，结交来自更多行业或者不同地方的朋友，获得新的职业技能或者从业机会。面对未来的不确定性，我们可以找到一条规避失业风险的有效通道——共享经济。

共享经济的日益普及让工作成为人们日常生活方式的一种。赵师傅在聊天时曾对我说，他知道哪些人愿意做Uber司机，并知道他们受过怎样的培训，所以，在和家人出门的时候，他愿意选择坐Uber。许多在旅行时住过Airbnb的旅客，在回来之后，自己做起了Airbnb的房东。很多人喜欢购物却不喜欢洗衣做饭，这种情况下，你就可以找人来帮你洗衣做饭，自己去帮别人购物，这样你既可以做自己喜欢做的事情，又没有付出多余的时间和金钱。

共享经济可以让人们根据自己的意愿自由支配时间和资源，人们可以兼做很多份工作。在未来，我们或许可以用一份工作来挣钱养家，用领一份工作来满足自己的爱好，用第三份工作来结识朋友。共享经济正在让这一切变为可能。

第三章

共享经济下的新型企业

共享经济成立的两个前提，一是供应过剩的经济，其次是现代人从物质与认知上都有双倍盈余，需要在社会之间进行传统与互动。

共享经济改变创业模式

共享经济在改变生活的同时更实现了经济生产中企业雇用模式和劳动者的全职就业范式，共享经济为每一个拥有创业梦，富有创造力的个人提供了一种全新的创业可能。它让全社会闲置的创造力被全面调动起来，让每个人的单独雇用观念，转变为多维发展观念，打破人们创业的顾虑，使人们可以利用自身的闲暇实现创业的尝试，乃至最终实现大众创业的目标。

在美国目前Airbnb、Uber都取得了一定的成功，并已加入了“百亿美金俱乐部”（当然也有人说是泡沫）。在国内，分享经济也开始悄然绽放。

住宿行业，君联资本投资了小猪短租、优客逸家这两家“分享式”的租房公司汽车行业，易到用车和滴滴专车严格意义上还是一种租赁服务，不能算分享经济。PP租车属于比较典型的分享经济模式，之前获得了红杉和清流资本的A轮。

还有最典型的，人人快递，也是拿到了高榕资本和腾讯1500万美金的A轮。

严格来讲这些公司都是有政策风险的，P2P模式在国内目前界限

模糊，监管层也是在讨论，具体的政策还没出台。按理来讲风险是有的，因为一纸政令就可以禁止一个公司的核心业务（例如西班牙禁止Airbnb，首尔全面禁止Uber）。

那么风投为什么还在监管政策出台之前一个劲儿地投？风投怕不怕这种风险？

答案肯定是怕。不过风投顶着风险大力投资就是因为这类企业的一大天然优势：story太好了。

想象一下，一个公司给你描述的未来是这样的：人们可以暂时出租自己闲置的房子，而来当地旅游办事的年轻人很多都会选择住这些有特色、有家的感觉的房子而不是冷冰冰的酒店；人们可以出租自己闲置的车子，在自己出差的时候不必将车停在机场交高额的停车费，反而是租给有短租需求的人，自己赚取外快；更或是，你在下班的路上顺手就给路过的小区的几户人带了快递，赚取了今天下班你的汽油钱——说到底就是一句话“闲置资源得到了更好地利用”。但请千万不要小看这简单的一句话。因为整个人类的经济学的一大目的，就是研究资源的分配与闲置资源利用。

所以这类企业一下子就具有了光环。光环来自一个非常好听的story，一个非常美好的未来。

什么？你想知道这类企业究竟能带来多少现金流？想知道这类企业未来能不能赚钱？

不，风投关注的不是这个，风投看的只是它的未来有多美好，或是说，能够达到多美好。

反正到时候B轮C轮PE一接手，就可以退出一部分；如果名头炒上

去，公司虽然还在亏损，只要故事讲好了，纳斯达克一上市，风投就可以顺利退出啦。

股价？谁关心股价？反正老子退出了。

公司未来？我都赚钱走人了我关心你的未来？

看看聚美优品就知道了。

上面我说的是风投对这类公司的一个实质心态：趁着泡沫，捞一笔走人。

真正看好他们的未来的，没有几个人。

我个人来讲目前也不看好这种公司，只能说有泡沫，有钱赚。但是泡沫崩了之后呢？

分享经济的未来是美好的，这点我绝对不否认。但是万事开头难，我们只是处在这种经济模式的the very beginning，之后还有长长的路要走——政策关、信任问题（really big issue）、商业模式、盈利方式，还有用户的心态等。

2014年是Uber年。“每个人都开始忧虑被Uber同化。”广告公司阳狮集团（Publicis）首席执行官莫里斯·雷维（Maurice Levy）近日告诉英国《金融时报》的记者。在线平台协调数十万自由职业者开出租车、出租房屋（Airbnb）、洗衣服（Washio）或者提供其他服务——共享经济已经到来。

企业感到了这一威胁，政府和监管者在努力调整，消费者则不确定是否要信任这种新型业务。然而，面临最大不确定性的是劳动者。由于自雇者、初创企业和一人型“微企业”在劳动力大军中所占比例越来越大，劳动者在享受更大自由的同时，也面临着更大的风险。

这些劳动者没有选择成为长期合同工，每天朝九晚五地工作，并享受诸如培训、养老金和医保等福利，而是自我雇用。全职工作者干兼职，兼职工作者开出租车赚取一些额外收入，经理们离职成为顾问，人们轮换使用不同的技能。

很多人享受这种挑战，但很少有人得到了保障。同时，我们依然无法摆脱20世纪提供工作福利和保障的安排——福利和保障是先进的工业化社会的标志之一——这种安排已经不再适用于21世纪的劳动者。我们迫切需要找到新方法，改变这些好处与直接雇用挂钩，无法推及希望以不同方式工作的人的现况。

一些职责应由政府和类似19世纪合作社那样的新型互助机构来承担。

Uber这样的平台也应为它们的“准员工”承担更大的责任。为了最大程度地减少责任和成本，这些平台一直与它们的准员工保持距离。如果这些平台不承担责任，这个高度碎片化、又得不到保障的劳动者队伍无法养活自己。

“健康的经济已经从让人们为谋生而工作转向创造更高生活质量，稳定的收入和社会保障网络正是这种经济的特点，”纽约大学斯特恩商学院（New York University's Stern School of Business）的阿伦·顺达拉拉詹（Arun Sundararajan）教授说，“我担心这种特点会消失。”

对此要负责的不仅是分享经济。技术、监管和经济的一系列最新改变已经创造了新的就业模式。这些改变数十年来一直在进行，但互联网加速了这一进程。

总部位于纽约的互助团体自由职业者联盟（Freelancers Union）估算，美国约有5300万人至少从事一些自由职业性质的工作，这个数字占美国劳动人口的三分之一。其中包括2100万承包商，比如司机和建筑工人，还有1430万人在全职工作之外做一些兼职工作。后一类人群中，有三分之一的人考虑过成为完全的自我雇用者。

英国的趋势与此类似。从2008年到2014年第二季度，新增的110万就业人群中有73.2万人是自由职业者。位于伦敦的智库RSA行动和研究中心（RSA Action and Research Centre）的一项研究发现，有60万个微企业（员工数量至多9人）是在这期间创建的，过去10年创建的微企业95%是仅有一人的企业。

工会通常将这种现象描述为资本对劳动力的胜利，但实际上，这种趋势对劳动者有好处。许多人想要逃离单调乏味的办公室工作，取得独立的地位，许多报告表明自我雇用者往往比受直接雇用的人更快乐。英国自由职业者中，近期数量增长最快的并不是薪资较低的合同工，而是高级的经理和总监。

但自由职业经济的发展也带来了两个挑战。

第一，一些自由职业其实是直接雇用的缩水版。企业把劳动者叫作“独立承包商”，是为了避免支付就业税和间接福利，同时又把他们当作真正的员工——这些人必须穿着制服、服从规则等等。许多自由职业者薪资较低，比如送货司机和库房堆垛工。

这个概念在法律上比较模糊，因为许多国家都实行打击虚假自我雇用的法律。8月，针对联邦快递（FedEx）将加利福尼亚州的送货司机界定为承包商、而事实上把它们当作直接雇员的案件，美国上诉法

院（US Court of Appeals）做出了不利于联邦快递的判决。一位法官引用了亚伯拉罕·林肯（Abraham Lincoln）的妙语：把狗尾巴说成一条腿，不会把这只狗变成五条腿的狗。

包括Uber在内的许多分享经济企业将它们的服务提供者界定为承包商，并坚持这些人遵守某种规则，例如，Uber就坚持司机必须驾驶自己的车。一些美国Uber司机提出了法律挑战，但分享经济问世时间太短，还不足以让法则得到检验。

第二，即使是自我雇用的劳动者，向他们派发工作或者订单的企业或者平台也可以选择不止为他们提供最低福利。雇主通常会提供医保、养老金计划和培训，来建立一支有效益、可信赖的员工队伍。这样做花费更高，但如果能提高企业提供的服务标准，这些措施有助于企业打败服务质量较低的竞争者。

如果企业不愿扮演这样的角色，社会应该设计出其他办法，为自我雇用者提供长期支持和保障，就像自由职业者联盟和其他人正试图做的那样。我们需要长期改变来支持自由职业者，让他们能够按照自己喜欢的方式工作，而不是强迫他们接受直接雇用，只因为那是唯一一种令人感到安全的方式。

未来是美好的，道路是曲折的。

不过目前来讲，风投只是想在曲折的道路上捡点果子然后拔腿走人。

所以未来共享经济的发展潜力是无法想象的，这也是为什么它吸引了很多人来参与这方面的创业。像国外的Airbnb，这家公司成立于2008年，最开始就是两个穷哥们儿租房子付不起房租了，发现有个房

间空着想着要不咱们放个气垫床吧，让过路的人来睡觉咱们收个床位费，再给他们准备点早餐。这样两个哥们儿就干了起来。然后真的把房租钱赚了回来。现在他们公司全称就是“Airbed and breakfast”（气垫床和早餐）的缩写，这个项目的主要盈利模式就是从出租人与租客交易中抽取佣金。它目前的估值已经在全球的创业公司中排名第二。

像这样逆袭的故事也在中国上演，比如中国的优客工场是一家为创业者与广大小微企业提供工作空间与资源的一家公司，创办不到一年的时间，估值已经达到20亿人民币。

优客工场创始人毛大庆：“最近发现我们出现了一个新的业务模式，有些公司开始来共享我们的会议室，这些会议室还不是我的场内企业在共享，是场外企业在共享，今年北京特别堵，就在这一带要开个会，就需要两个小时，就需要找个会议室，其实这个会议室，每家公司都是闲置的，我调查过会议室的使用率，大公司不会超过30%，一个会议室有20个座位，只坐着三个人在里面开会，经常是这样的。比方说在城市中间拿出闲置的会议室，跟大家共享，会解决什么问题呢？解决了交通问题、人流量的问题，甚至于还解决了环保问题。所以其实一个衍生的共享随时都可能会发生。”

很多创业者都像Airbnb和优客工场创始人毛大庆一样，看到了共享经济未来发展的可能性，投身进入了这个行业。

共享经济能催生大公司

要迅速成为一间全球大公司，至少有四个必要的条件：（1）一个可预期的全球化的市场，并且没有明显的文化和地域障碍。（2）有广泛的、符合人性共同特征的需求。（3）有可供唤醒和整合的供应，且不需要做大量投资和建设。（4）轻公司，有快速扩张的商业模式。

共享经济完美地诠释了这四个特点，Airbnb们的扩张速度明显高于他们的商界前辈比如沃尔玛、麦当劳和喜达屋。

互联网的快速发展，尤其是LBS+SNS把人们紧密地近距离地联系到一起，给共享经济的公司提供了超级燃料，人们得以分享更多的信息，也因社交网络以及评价信用机制使陌生人变得可以触摸和信赖。

先是短租平台Airbnb估值达到250亿美元，随后出行平台Uber估值更是超过了625亿美元，近日办公租赁平台WeWork又获得来自中国的战略投资——弘毅投资及联想控股领投，估值达到了160亿美元，并且传闻后者还将获得一个董事会席位。此举释放出了WeWork强势入华的信号，共享经济也再次被引爆。

WeWork作为全球办公共享平台的鼻祖，此番强势入华，在一些业内人士看来，似乎是“狼来了”。不过，对于群雄纷争未见一统

的行业来说，这反而是一件非常好的事情。WeWork对于提升同行信心、促进整个行业的快速发展具有非常积极的作用，同时也有助于资本市场对于办公共享经济的看好，办公共享平台们有机会一同把这块蛋糕做得更大。

在WeWork进入到中国市场之前，中国的办公共享实际上已经分成了七大门派。而在万众创新、全民创业的大趋势下，办公共享更是获得了迅猛发展，很多办公共享平台雨后春笋般地涌现了出来。

地产流派，借办公共享迎来转型契机。有很多房地产公司都在试图打造自己的联合办公空间，将其作为地产生意的一种转型，其中最典型的代表就是万科出身的毛大庆所打造的优客工场、潘石屹所打造的SOHO3Q以及王胜江所打造的洪泰创新空间。SOHO3Q依托自己的商业地产基础打造了广泛的办公空间，而优客工场目前已经打造7个项目，分布在4个城市，洪泰创新空间更像是投资人与地产人的结合，创始人分别是俞敏洪、盛希泰以及SOHO中国前副总裁王胜江。对于这些地产流派们来说，他们最大的优势主要体现在三个方面：

首先，这些地产流派们过去都在从事房地产方面的经营，这为他们积累了足够的地产运营经验。而共享办公空间的打造，其根本就是互联网与房地产租赁之间的结合，这对于这些拥有较多地产运营经验的平台来说，要快速打造一定规模的办公共享空间并不难。

其次，地产流派多年从事房地产，让其在房地产项目上也积累了广阔的资源。比如SOHO3Q，他们若是要打造自己的办公共享空间就非常有资源优势，只需要在自己的地产项目上面留出一部分作为办公共享空间包装就能轻易实现，而这个对于大多数的地产流派们都不是

什么难事。

最后，这些地产流派们还具有其他办公共享空间们所不具备的强大优势，即他们更容易获得政府的支持。他们过去一直从事房地产的运作，没少跟政府打交道，多少也建立了一定程度上的联系。如今政府在大力扶持全民创业，他们要想借助办公共享空间获得政府支持也并非难事。

尽管这些地产流派们具有一定的优势，但在其光鲜外表的背后却隐含了很多问题。其中最为明显的一个问题就是，在向依托互联网的新经济模式转型的过程中，他们能不能适应新环境还需要时间验证；再一个就是普遍入驻率偏低的问题。虽然地产商的项目都大且多，但在他们的办公共享空间中入驻率并不高。按照优客工场的战略设想，今年优客工场还将会开业35个项目，遍及国内十几个城市，那么在二三线城市很可能会面临更严重的低入驻率问题。

媒体流派，正在成为办公共享的一支生力军。目前中国有很多媒体都在尝试，诸如36氪、钛媒体、创业家、创业邦等，当然大家比较熟悉的当属36氪的氪空间。

众所周知，媒体流派们最大的资源优势就是在媒体上面，他们能够借助自己的媒体资源优势为创业项目提供更优质的媒体宣传服务，很多创业公司都需要借助这样的平台来帮助自己实现更好的宣传、推广，这也是很多创业者会选择这种办公空间的最重要的一个原因。

与此同时，媒体平台在从事媒体报道的过程中，也会接触到很多创业者以及中小企业家，他们也拥有更多更广泛的企业资源。拿创业家的黑马会来说，他们在全国几十个城市都拥有相当规模的创业者会

员，其中甚至不乏一些实力非常雄厚的公司，我也是黑马会当中的一名会员。

不得不承认，媒体流派们正在成为中国共享办公空间的一股生力军。但从共享办公空间发展的规模上看，目前媒体流派们还无法与地产流派以及互联网巨头们相较量，他们也缺乏更雄厚的资金实力。

大学流派，学生创业不可缺少的精神导师。在全民创业的大潮中，大学生创业也正在成为创业大潮中一支不可忽视的力量。与此同时，一些实力雄厚的大学也开始推出自己的共享办公平台，最典型的代表莫过于清华大学的x-lab，北京大学的创业孵化营。

毫无疑问，大学能够给创业者以及团队带来更好的创业指导和培训服务。很多学生学到的比赚到的更重要，这也是大学流派的最大优势。而大学流派广泛的教育资源、校友资源当中不乏有很多知名的企业家、大学教授，他们能够为大学流派带来更好的人气。此外，与媒体流派拥有广泛的创业者资源一样，大学流派拥有非常多的大学生创业者资源，这些大学生拥有更多有创意的想法，也拥有更强的创新活力。

不可否认，从办公的角度来看，大学流派将会拥有非常广泛的学生用户租赁群。但由于学生创业的失败率会更高，大学流派的办公租赁往往都是非常短期的。

投资流派，资金扶持是中小企业最大的吸铁石。事实上，对于很多创业者以及中小企业来说，他们最缺的往往都是资金，于是一些以资本为驱动的办公共享空间也开始浮现出来，诸如创新工场、天使汇、联想之星等都涌现了出来。

很明显，投资流派所打造的办公共享空间对创业者们最大的吸引力就是他们的资金扶持。通过吸引一些优质的创业项目，为这些创业团队提供融资服务，从而提升他们的创业成功率。当然，除了资金上的扶持之外，投资流派还提供诸如创业培训服务、办公空间等服务。

不过从发展模式上来看，投资流派的主要精力并不是放在共享空间上，投资流派所提供的服务主要是针对自己所投资的创业项目为主。也就是说，他们主要是依托投资来扶持创业者、帮助创业者，而办公则成为他们为创业者提供服务的形式之一。

咖啡流派，正在从游击队走向正规军。提到国内办公共享空间，也许很多人不会忘记李克强总理喝过咖啡的那家3W，他们所打造3W空间以及车库咖啡，也正在成为国内最为典型的两大咖啡创业办公基地。

作为一个咖啡场所，这里经常会有很多投资人以及创业者前来喝咖啡，当然他们的真正目的并不是喝咖啡。投资人到这里是为了寻找更好的创业项目，而创业者到这里则是为了拿到自己所需要的创业资金，于是无形之中这里就成为创业者与投资人对接交流的一个好场所。

不过从创业办公的角度来看，目前很多咖啡厅都没有给创业者提供固定长期的办公场所，都只是临时性的喝咖啡免费享受当天办公。虽然它具备了更好的交流，但是相对较嘈杂的环境无法让创业者更好地办公，尤其不利于团队办公。

不过，有了投资人与创业者的资源作为基础，以3W、车库为代表的咖啡厅开始为创业者、中小企业提供固定办公空间、投融服务以及

知识培训，他们所面临的问题是如何避免同质化竞争。

巨头流派，实力雄厚却疏于专注。目前百度、阿里巴巴、腾讯、京东等互联网巨头已开始打造自己的联合办公空间，从而加速自己的投资布局。这些巨头能够带给中小企业一些其他平台所不具备的资源和渠道。比如百度能够给中小企业提供百度云服务，阿里能够提供阿里云服务，腾讯能够提供腾讯云服务，而百度能够对接应用开发者的渠道有百度手机卫士、安卓市场、91助手等应用分发平台，腾讯也能够对接应用宝渠道资源等。

此外，巨头们强大的资金实力也是创业者、中小企业最为看中的。在这些联合办公空间的创业者，相比其他企业能够更优先获得来自巨头的战略投资及入股，这就相当于给自己找到了一个稳固的靠山。

不过我们从目前国内几大巨头所打造的联合办公空间来看，似乎并不尽如人意。

巨头们都在忙于自己的业务生态发展，他们似乎没有更多的精力来一心一意为中小企业、创业者提供更好的办公服务。

创业流派，创业者为创业者服务。这个流派是非常有意思的，这里的共享办公实际上就是创业者在为创业者提供服务。但是诸如无界空间、科技寺、联合创业公社等办公共享空间，虽然在发展规模上比不上一些地产商们打造的平台，但他们却是最早实现了盈利的一批办公共享空间，当然这得益于他们对WeWork的效仿。

创业流派所打造的联合办公空间能够更深刻地了解创业者的需求所在，比如什么样的办公风格会更适合创业者、创业者真正需要什么

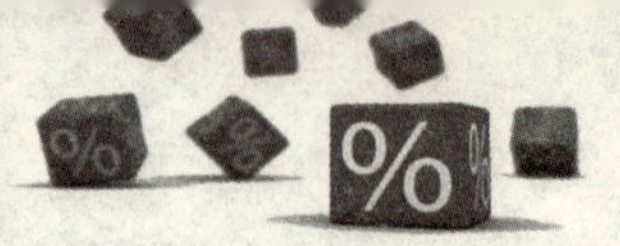

样的服务等。当然，任何事情都是利弊相生，创业流派自己如果没有拿到一定的资金扶持，就难以发展壮大自己的规模，他们也难以给办公者提供强大的资源对接服务。

活动流派，更像是一个创业者投资人交流的线下平台。这类联合办公空间，通过定期举办项目的发布、展示、路演等创业活动来聚合投资人与创业者，然后实现资源对接，诸如北京创客空间、上海新车间、深圳柴火空间等都是典型代表。

活动流派通过定期举办各种项目路演活动，在一定程度上提升了创业者的融资效率和进度，也能够进一步增强创业者与创业者之间、创业者与投资人之间的交流、互动，形成一个创业、投资的学习圈、交际圈。但是他们经常举办各种创投活动，也是一个耗费时间、精力的过程。

在WeWork入华前，这帮中国的学徒们抓住国内全民创业的大浪潮，的确有一些平台获得了不错的发展，但即使是估值最高的优客空间，价值也不过才40亿元人民币，距WeWork的千亿元人民币估值差距非常大，还远远没有形成哪一家具有绝对领先优势的局面，也就是说还处于“战国”式的市场格局。

他们都还有很多问题需要解决，最重要的就是经营模式，你到底是做投资还是做服务，是提供孵化还是经营社区？不同模式所需要的人才类型、激励机制、发展路径都是大相径庭的。摆在大家面前的是：如何实现办公共享空间的盈利？如何吸引更多优质的企业入驻？如何避免普遍入驻率低的问题？与此同时，同质化竞争也十分激烈。

WeWork入华后，格局会如何变化？

WeWork作为办公共享平台的鼻祖，总部在美国，但目前他们的业务范围已经覆盖到了全球多个国家和地区，在以色列、英国、加拿大、荷兰、德国、墨西哥等多个国家都设有办事处，正在将其服务渗透到印度、韩国、中国等国家和地区。

WeWork的服务对象包括了个人、自由职业者、小型创业公司以及很多大型公司。在美国，诸如美国运通、BusinessInsider和Merck等大型企业也都是WeWork办公平台的使用者。他们通过提供办公租赁，会员服务以及更广泛的增值服务获得了较大的利润。相比美国另外两大共享平台Uber以及Airbnb来说，WeWork拥有更大的增长空间。最重要的是，他们早早就盈利了。在华尔街的资本大鳄眼中，WeWork的增长空间与盈利能力构成的双引擎，使得它具备像Facebook那样成为又一个数千亿市值巨头的禀赋。

虽说WeWork需要面临的是如何更好地把握中国的互联网创业环境问题，但不论是从平台资金实力上来说，还是从办公平台服务上来说，WeWork相比国内众多的办公共享平台来说，都拥有更大的优势。随着WeWork入华，它能够带动整个国内的办公共享空间一同前进。

首先，共享办公将成为资本角逐的大舞台。在媒体刚披露WeWork新一轮融资没多久，中国的一家办公共享平台——优客工场很快启动了A+轮融资，融资金额为2亿元人民币，并意图加快自己的扩张进度。他们计划在今年将开业35个项目，全面将自己的办公共享渗透到更多的二三线城市。

而据可靠消息称，WeWork的新股东名单中，可不只联想控股和

弘毅投资，还有几家实力超强的联合投资人。但不管是谁，可以肯定的是，就像BAT掌控出行市场一样，共享办公市场也将因为资本的青睐而使竞争段位和热度得到几何级提升。

其次，中国共享办公垂直巨头呼之欲出。来自新浪科技的消息称，洪泰创新空间与优客工场就合并事宜已经取得了重大进展。与此同时，优客工场也正在与无界空间进行深度合作。有趣的是，无界空间与另一家办公共享空间科技寺也在开始谈战略合作。氪空间在前不久与TA众创达成战略合作之后，又与纳什空间达成了战略合作，并战略入股纳什空间的B轮融资。毫无疑问，随着WeWork入华对整体市场的促进作用，国内办公共享平台在不久的将来很可能会涌现出像滴滴出行一般新的垂直巨头。

再次，行业洗牌加速，七大门派或将缩减为两大流派。WeWork入华正处于中国万众创新、全民创业的高峰时期，正在有越来越多的中国上班一族和大学生成为创业者，他们对于开放式办公有着更高的需求，他们需要更多的创业交流、资源对接等，而办公共享则更好地满足了他们的需求。WeWork显然是瞄准了这一最佳时机杀入到中国市场，并将会推动整个中国的办公共享快速前进。

与此同时，行业洗牌也已加速，那些不能真正给企业带来服务价值的办公共享空间最终将会被淘汰出局。但是在垂直细分市场领域，会出现新的市场机会，比如专门针对智能硬件办公共享，专门针对互联网医疗的办公共享等，这些企业能够在更垂直细分的共享办公平台获得更好的交流成长，实现更好的资源对接。而随着经营模式的确立，这个市场的主流打法将是两个极端：

一是WeWork模式，不做孵化器，不做加速器，专注于会员社区的搭建和运营，单纯以服务获取发展。好处是高品质、强体验，迎合了年轻人“办公升级”和“从我到我们”的心灵渴望；缺点是未必能在创业人群当中讨喜。

二是国内目前主流的孵化器模式，为创业者和投资人牵线搭桥，通过跟投、联合投资扩大盈利水平。好处是在“双创”战略大旗下吸引地方政府的眼球，既招商，又引资；缺点是只能依附于创业投资的上风口，一旦形势变化，持续盈利能力将受到重大考验。

最后，传统写字楼将被迫自我革命。WeWork们冲击的，不只是共享办公的场内玩家，它震撼的更是传统写字楼的业态。一个开放的、共享的、更近距离的社群，正在加速成为中国社会的主流。

在美国，有个全球500强的行政主管曾对WeWork的负责人说：“请帮我们用WeWork的方式改造和运营办公空间吧，不然我们的雇员都悄悄去你那里租办公位了。”而办公共享则更好地满足了他们的需求。由此，很多大公司成了WeWork全新的一批客户。

WeWork来了，它尽管冲击着国内的同行，但更是在冲击传统、封闭、落后的业态。想想看，你今天还愿意再回到父亲当年“一张桌子、一张报纸、一个白色大茶杯”的办公场景中去吗？你有多少次逃离办公室，在星巴克或者漫咖啡和伙伴们度过温暖的午后？

在全球，某些基本价值观正变得一致，比如：减少资源浪费的行为帮助世界更环保；友善热情予他人帮助；节约不必要的开支用于更丰富的体验；通过发现价值和努力能改善我的收入。这使得以“共享经济”为商业模式的公司，几乎到全球每个国家每个城市都能迅速得

到认同和融合，人们享受着本国邻居们提供的他们喜爱熟悉的商品或服务，生活变得更加方便、低成本和有乐趣，而“共享经济”公司悄悄地在云端为他们组织着这些令人惬意的新生活方式。

看看传统公司的成长路径，除了跨国的基础建设外，还有产品的融合、品牌观念的融合、文化的融合等等，到一个文化和行为习惯迥异的新市场对企业而言无疑是风险之旅，通常需要数年才完成融合过程。而“共享经济”公司改变的是人们的思考模式和行为轨迹，并没有带新的产品（服务）进来，融合会非常快。

“共享经济”公司能高速成长，还得益于几乎可以不做供应方的投资，这使得可以有足够的膨胀弹性而并不过多依赖投资的增加，而且当交易无限增加时，单位交易成本无限趋向于零，从而带来极高的回报。

发现“共享经济”创业机会

“共享经济即将在中国崛起。”这是李开复在2015年7月22日“寻找中国创业”论坛上发表的观点。他认为，随着社会的驱动发展，环保更受重视、制造成本逐渐变高、创业浪潮来势汹汹，很多人在改变原有的生活、工作模式，寻找新的机会。“全职的合同工将会慢慢消失”成为目前流行的一种预测，取而代之的将会是建立在资源共享基础上的合约工作，比如现在热得发烫、红得发紫的Uber。

在“大众创业、万众创新”的国家战略鼓舞下，分享经济迎着“互联网+”的风口快速飞升，除了我们熟知的“滴滴出行”“回家吃饭”，还有中国版Airbnb“小猪短租”、主营居家养老的“陪爸妈”、开发城市周边游的“懒人周末”等，可以说每一个传统产业，都可能被分享经济重构。

不过，法律和政策的更新往往落后于商业和社会的快速发展，为了适应“互联网+”时代的产业升级，我国也在积极完善相关政策法律。针对分享经济的规制问题，以下几条原则值得思考：

第一，了解技术与商业模式，规制应当建立在技术与商业模式革新的基础上。

我们知道，任何一项行之有效的监管政策一定是建立在充分的实证调研的基础之上，这就对政策制定者提出了非常高的要求，监管政策应当符合行业的发展现状。

在互联网时代，技术日新月异，商业模式层出不穷，很多新生事物都处于监管的真空状态，如果忽略技术与商业模式的创新，仍然沿用过往的监管思路，甚至直接套用已有的监管政策，监管效果不仅会大打折扣，更有可能直接扼杀新兴的经济业态。

电信行业为例，比如短信和微信，前者是基础电信业务，后者属于增值电信业务，如果套用对短信的政策以管理微信，无异于缘木求鱼，监管效果南辕北辙也就不足为奇了。我国目前对此区别的监管态度，恰恰促进了电信产业的大发展。

再以交通行业为例，比如出租车和网约车，二者实现的机理和借助的技术手段都不一样。一个是巡游揽客，另外一个是网上预约；一个是借助车载里程器计价，一个是通过智能手机和GPS信号计价。

优秀的立法者或司法者应该及时更新知识，掌握行业动态，紧跟技术创新的步伐。举例言之，2015年，伦敦的出租车司机行业协会提起一项司法诉讼，主张打车软件所依赖的智能手机等同于出租车计价器（taxi meter），进而违反伦敦的禁止性法律。

10月16日，英国高等法院（High Court）的法官在比较计价器与智能手机的计费机制后，最后判决智能手机不属于出租车计价器，因而网约车在伦敦可以合法运营。餐饮行业为例，都是提供餐饮服务，“回家吃饭”的模式与传统餐营业有很大不同，它是私家厨房在满足自家需求的同时分享给周边订户，传统餐饮业的监管思路不可简单套

用。

第二，差异化监管。

差异化监管，不是说分享经济不需要监管，而是在监管过程中，坚持具体问题具体分析，根据被监管对象本身的特点，尤其是面对新生“商业物种”的商业模式、经营方式等与传统不同，不能削足适履，强迫新事物符合旧的监管框架，而应在监管中鼓励创新，宽容试错。

在这里，又不得不提伦敦交通主管部门的经验。在伦敦，出租车司机获得营业执照必须参加“知识考试”（Knowledge of London），该项考试被称为世界上最难的考试，应考司机需要记住伦敦市区2.5万多条街道以及市区内2万多个标志性地点或名胜古迹，平均需要4年时间学习，而且每5人中只有1人能顺利通过考试。

不过，网约车司机申请执照却不需要参加此项考试。因此出租车司机多次抗议，认为此举极不公平，监管政策应该一视同仁。伦敦交通局并不认同出租车司机的主张，他们认为网约车使用智能手机上地图类App进行导航，识别能力不亚于通过“知识考试”的司机，所谓的“不公平”是技术更新自然导致的结果，因此网约车司机无须参加此类考试。

第三，适度性监管，保持权力的谦逊。

适度性监管，实质是监管机构要保持权力的谦逊，对于市场的创新，更多应该交由市场规律来处理。在分享经济时代，商业组织的作用被弱化，分散经营的个体化商家将是主要的市场参与者，如在美国，自由职业者的数量在2015年已经突破5000万，而从技术上，行政

力量很难真正做到对数量庞大的个体化商家进行监管，其监管责任更多需要转移给市场，需要平台企业承担更多的责任。

例如，管制出租车行业的主要目的是保障服务质量和顾客权益，而网约车的出现，提供了更优质、更廉价的管制解决方案。相比之下，延续至今百年的行业准入、专营制度显得笨重低效。

2015年10月19日，国务院发布《关于实行市场准入负面清单制度的意见》，提出我国从2018年起全国统一正式实行“市场准入负面清单制度”。在此制度下，国务院以清单方式明确列出在中国境内禁止和限制投资经营的行业、领域、业务等，清单之外的行业、领域、业务各类市场主体皆可依法平等进入。

可以说，负面清单制度绝好地体现了适度监管的原则，权力保持谦抑，赋予市场主体更多主动权、激发市场活力，构建更加开放、透明、公平的市场准入管理机制。

第四，不要陷入泛安全化误区。

在分享经济的监管方面，泛安全化现象很严重。其实每个行业都有安全问题，电信行业涉及国家信息安全，交通行业涉及道路交通安全，餐饮行业涉及食品安全，诸如此类。

有人总是喜欢用安全问题来否定分享经济的每一次商业创新，但又说不出太多所以然来。就好比在中国，打火机是不被允许带上飞机的，理由是维护飞行安全。但是我们具体深究，打火机到底在哪些层面、有多大可能性危害飞行安全时，我们是否做过详细而有说服力的论证？其实，美欧很多航空公司就没有禁止携带打火机上飞机的规定。

不可否认，分享经济不可能实现百分百的安全，但在讨论分享经济的安全性时，需要明确两个方面的内容，否则很容易陷入泛安全化的误区，进入无意义的争论：第一，此类商业创新是否比传统行业带来更多安全问题；第二，新产生的安全问题是否可以通过配套制度加以解决。

餐饮行业里的“回家吃饭”的食品安全保障，“回家吃饭”平台通过采用“信用机制+惩罚机制+保险”的综合手段打消顾客的疑虑。网约车也可以通过司机背景审查、车辆审查、保险等综合措施来解决相关的问题。

第五，规制应以促进发展和创新为目的。

安全问题与发展问题，类似油门与刹车关系。如果不踏油门加速，单纯踏刹车，连汽车存在的意义都没有了。在技术创新与规制之间，历史上曾有两次经典例子。

互联网商用初期，网上盗版横行，网民可以随意分享盗版文件等。如何促进互联网产业发展，同时保护版权？1998年美国颁布《数字千年版权法案》（“Digital Millennium Copyright Act”，简称DMCA）。该法通过国内立法的方式，对网上作品著作权的保护提供了法律依据。

该法确立了限制网络服务提供商责任的“避风港”原则。该原则指在发生著作权侵权案件时，当ISP（网络服务提供商）只提供空间服务，如果ISP被告知侵权，则有删除的义务，否则就被视为侵权，即“通知—删除”制度。该法一方面加强了网络版权保护，同时又对网络服务提供商的责任予以限制，促进了产业发展。目前为各国立法所

效仿，也包括我国。

再举一例，1984年的“索尼”一案中，被告索尼美国公司制造并销售了大量家用录像机，而原告环球影视城就一些电视节目拥有版权。由于购买家用录像机的一些消费者，用录像机录制了原告的电视节目，原告于1976年在地方法院起诉索尼侵犯其版权。原告主张被告制造和利用了家用录像机，构成了帮助侵权。

美国最高法院认为，索尼提供的录像机可以复制所有的电视节目，包括无版权的，有版权而权利人不反对复制的，以及有版权但权利人不愿让复制的。而索尼的录像机主要用于非侵权用途，落入了合理适用的范围，最高法院最终以微弱多数支持了索尼，从而迎来了录像机技术的迅速发展。

试想如果当年最高法院的大法官们稍稍一动摇，似乎这一先进技术的前途就不像今天那么明朗，甚至有被扼杀的危险了。可见，规制与发展之间可以找到很好的经典的平衡，而不是单纯的扼杀。

对于创业来讲，共享经济同样适用。闲置的私家车、空房间可以拿来共享，那么人呢？人的时间、智慧、经验、技能乃至人背后的资源，是不是也可以拿来共享呢？如今，创业找人难已经是不争的事实，找合伙人、找技术、找设计的话题永远不会落幕。通过共享经济的思路，让人才从原本雇用、全职的制度中解放出来，将自己的智慧、劳动、时间、经验拿来共享，帮助创业者快速、高效地解决问题，会不会比一门心思寻找合伙人和全职员工要现实的多？其实，这一思路可以用“智力众筹”的模式加以概括。

智力众筹可以算得上众筹模式中的第五种，是在股权众筹、债权众筹、回报众筹和捐赠众筹之外新兴的一种众筹模式。如果说股权众筹就是“我给你钱，你给我公司股份”的话，那么智力众筹就是“我帮你解决创业难题，你给我公司可回购的股份”。

通过智力众筹的模式，可以让人才以解决创业任务的方式换取可回购的股份，这样一来，通过股份捆绑在一起的双方，目标、利益一致，用合作代替雇用，更有利于创业的发展。和股权众筹相比，智力众筹门槛更低，任何有能力、有时间的人都能参与共享。而且对于初创团队来讲，可以不用支付高额费用就能请到高级人才帮忙解决问题，也是降低成本的一个方式。待问题解决、项目成熟、获得融资后，再将股份回购，就轻松多了。

共享经济的一个最大特征就是需求和供应原本都存在，只是需要一个平台方提供信息的对接和高效率的匹配。对于智力众筹来讲，智筹就起到这样一个平台作用，创业者可以将所遇到的问题以任务的方式发布到平台，平台首先会进行匹配，将任务推送至符合条件的人才方，若人才感兴趣并且双方通过沟通认可彼此，那么这个外部合伙关系从签署平台提供的三方协议之后正式生效。此外，平台还会提供包括交易担保、第三方监管、全程法律支持等多重保障，降低争议，让合作双方没有后顾之忧。

智力众筹是对共享经济中人力资源共享的最佳诠释，相信通过智力众筹的模式，能让更多的人都参与到创业中，共享时间、技能、经验，让创业就此跨过找人难的这道坎，打破人才瓶颈，彻底激发创业活力。

由于在共享经济目前有不少巨头公司存在。创业公司的核心在

于细分挖掘。与领导者同质化竞争要不是红海，要不被消耗惨死。选择细分区隔，则可立即跳入蓝海。那些领导公司通常有相对固化的定位，反而无法在深挖社区共享这个细分市场建立认知优势。新创企业仍然有机会做差异化切割市场，比如切出幼儿园幼儿、上下学中小学生接送等特定社区市场，还有特定尊贵客人接送服务市场等。创业者必须寻找一个差异化市场立足，比如婴幼儿社区托管、旅游个性化高体验性细分市场等。

共享经济创业公司，必须有自己的独特使命和定位，反映到外在是平台参与方（顾客和供应）对平台独特的寄托和依赖，建立独特的沟通关系和心灵承诺；在产品技术上也应做持续的改进。

互联网技术大大降低了人们进行共享的成本。互联网的快速发展，尤其是LBS+SNS把人们紧密的近距离社区的人们联系到一起，给共享经济的公司提供了超级燃料，人们得以分享更多的信息，如社区居民通过与邻里共享物品以节省金钱和资源。让人们的闲置物品的流转率得到提升，并帮助本社区居民构建更好的邻里关系，通过合作为他人提供便利，也因社交网络以及评价信用机制使陌生人变得可以触摸和信赖。

而本地化服务明显的社区恰是推动共享经济一个很好的载体。我们用共享的思路为解决吃、穿、住、行、娱乐等各方面的需求提供更好的解决方案和用户体验。更是我们商业价值发现的一个极好的切入点。

挖掘社区共享经济有价值的商业机会，我们需要用正确的思路和方法：

1.“共享”，可以区分为人和人共享；人和组织共享；组织和组织共享。

2.比如人和人分享，怎么进行挖掘呢？创业者从自己拥有、占有的东西来挖掘，比如房产、汽车、工具等；同时我们拥有自己的时间、技能。

3.创业者应沿着社区共享经济价值预期从高到低，并结合自己的爱好和兴趣，也结合社区的特点，始终按照有价值的市场细分来选择“共享经济”的入口。如小学生上下学接送等。

4.对社区中的不同阶层、不同角色的人，以及他们所拥有的物和共享能力、目标共享对象要分别归纳，并做必要的分析，就有可能找到最有价值的市场机会。如教师、医生等。

5.人和组织共享、组织和组织共享，也遵循同样的分析方法。E袋洗请邻居收发衣物、社区公司会议室共享等，这就是组织间的可共享价值。

共享经济时代的创业者如何创造价值

腾讯CEO马化腾更预言，共享经济将成为促进经济增长的新动能。然而在经济低迷时期，共享经济的创业者们如何把握当中的机会？面对这样的问题，大家很容易就会想起Uber、Airbnb、Lyft等这些著名的代表性的公司。其实在我们中国，也已经存在大量以共享经济为核心商业模式的公司。同时，这些公司也成为各类资本追捧和抢占的重要阵地。但到底什么是共享经济呢？互联网科技作为杠杆是如何撬动共享经济并使之繁荣的？本文仅就社区共享经济中的商业机会做简单的探讨与分析。

共享经济的概念首提者，普遍认为是第三次工业革命的提出者，美国宾夕法尼亚大学沃尔顿商学院的杰里米·里夫金教授。里夫金指出在零成本社会中，通过“协同共享”以接近免费的方式分享绿色能源和一系列基本商品和服务，认为这是最具生态效益的发展模式，也是最佳的经济可持续发展模式。他所说的“协同共享”，也就是我们所理解的共享经济（Sharing Economy），也叫协同消费或P2P交易市场。

共享经济三个基本特征：一是碎片化的需求和碎片化供应都原

本存在，创业者需要做的只是提供高效率服务双方匹配的平台方。它的创业机会就在如何做好有效的平台。二是正如里夫金教授所指出的，由于共享内容的边际成本极低，所以相比大规模专业供应者仍能有价格优势。核心优势在于共享中的极低的边际成本。三是共享的内容非常个性化，本不能被规模供应，此时竞争优势不建立在价格上。竞争优势在于是否满足个性化。在这样的特征下，例如住宿、出行、教育、餐饮四个领域的创业者发现，住宿共享和出行共享的发展最蓬勃，而对于其他行业，共享经济的渗透还比较浅层，更多是起到“助推器”的作用。

第一，创业是一个新的开始，离开上一家公司去创业，可能会背负感情的负担，可能面临很大的压力甚至阻力。但是独立和发展是不可逆转的趋势，这是我们的天性，每个人的成熟和发展是值得付出代价去坚持的。

第二，创业和创业者都是美好的。美好的创业首先需要一个美好的初衷，需要发自内心地想要解决社会问题，需要有服务他人的心态。其次，创业还需要一个完美的股权结构和完美的董事会结构。另外，创业还需要持续不断地寻找比你更牛的人。这些事情做完以后就会有一条很漂亮的曲线摆在你眼前，而创业者这时只需要傻傻地坚持。

第三，创业者是幸福的，因为创业就好比每天亲手哺育自己的孩子，每天看着他们成长，这件事情能够带来愉悦。当然也有退步的时候，但无论进步还是退步，都是很幸福的，最痛苦的事情不是退步，而是停滞。创业者很幸福的另一个原因是创业会让人全情投入，那一

刻人和事情是合一的。

第四、虽然创业很美好很幸福，但不代表每一个创业都在创造价值。相反，很多创业都在毁灭价值，比如盲目烧VC钱、做假数据等等，这除了浪费投资人的钱以外，还浪费了团队的激情，所以很多人会失败，是因为他们没有尊重规律。

在共享经济时代，如何步入黄金期？最好的做法就是整合大量闲置房间、盘活社会闲置车辆，由Airbnb和Uber所刮起的共享经济的风潮，在国内席卷住宿、出行、教育、私厨共享等10多个主流行业，涌现出一大批新兴的创业公司。

强用户体验的时代，也是用户兜售参与感的时代，社区共享即众人参与。挖掘社区共享经济的商业机会，恰逢其时。创业者更容易建立信任、形成社区、融合当地文化、解决供需问题，为发展社区共享经济奠定了良好的基础。

所以，共享经济往往跟经济形势成反比，越是在经济下行的时候，“共享”的理念越受重视；反之，若人们手里不差钱，有什么需求直接购买就行，犯不着共享。回顾当年Airbnb的崛起，正值2008年经济危机，差旅中的人们不愿意花那么多钱住酒店，租住在房东分享的房间更划算。

这在当前低迷的经济环境下，也是相似的逻辑。据腾讯研究院报告，共享经济能够助力供给侧结构性改革，扩大消费需求，成为经济增长的新动能。初步估算，共享经济占国内第三产业增加值比例为3.15%，为服务业增长提供新动能，将服务业变成经济增长的“主引擎”。

随着经济转型，新的消费形态代表未来，而共享经济是其中可以规模化的一种商业形态，充分调动社会中每个人的资源，如房子、车辆等，并且转化为增加收入，有的人则可能用手艺，像美甲、按摩平台等，用空余时间创造价值，让消费者享受到更高性价比服务，从而创造更高的GDP“过去没有移动互联网，要实现个人对个人的信息交互和交易，效率很低。而现在，移动互联网让共享经济的商业效率有了落地的可能，它渗透到生活的每个维度，调动起以个人为单位的供给端才能，满足个人消费者生活品质提高的需求。”Mike对南都记者说。

而互联网教育资深创业人士Mike则认为，共享经济其实不是这两年才发展，互联网技术兴起的时候，共享经济已经存在，比如以淘宝为主的电商平台、二手书交易网站、二手玩具网站等，只是当时把它看作电子商务的一种，及至Uber、滴滴快的等专注于共享经济的商业平台出现，迎来超乎想象的发展速度。“有经济学家指出，今年共享规模占GDP1.6%，预计到2020年占比达到20%。随着国家重视共享经济，更多创业者也将朝着这个方向发展，共享经济进入黄金期。”

然而，对于不同行业，共享经济的渗透度大不相同。

据腾讯研究院报告，目前处于第一梯队、高速成长的主要是金融和出行领域，占据共享经济总体市场份额90%以上，独角兽企业包括滴滴快的、优步中国、陆金所、有利网和信而富等；处于第二梯队、成长初期的包括短租、二手交易、专业/个人服务和众包物流，市场规模均达百亿级别；而自媒体、教育共享、私厨、医疗共享等领域，则还处于市场快速增长的萌芽期。

Mike向南都记者分析，共享经济有其特点，并不是任何资源都能进入共享经济平台：首先，该资源应当是充沛的，所以才会闲置，并由此产生盈利的可能性；与此同时，它的流动性是稀缺的，或者说信息是稀缺的，使得供求两端没能很好地对称起来。以打车为例，出租车很多，想打车的人也很多，只是因为信息没对称，出租车不知道附近有人要打车，所以Uber、滴滴快的把两端对称起来。

而再看教育行业，真正优秀的老师非常稀缺，并不是共享经济里资源充分的代表。更重要的是，教育是一个教、学、练、测、评一体的学习系统，不像电商或打车可以一锤子买卖，然后把模式快速复制。教育还是一个既重视过程又重视结果的服务，需要通过考试去验证确实有提升效果，而共享经济很难覆盖检测环节。“所以市场上看到一些类Uber的家教O2O，通过互联网把有需求的家长学生和周边家教老师对接起来，本质上是像电商一样的中介，在我看来十分浅层，没有真正覆盖教育的环节。”Mike说。

不过他也坦言，共享经济之于互联网教育，也只能做这种浅层的信息对接——共享经济可能改变某一两个行业，但对于绝大部分行业，所承担的作用也就是“助推器”，并不会带来天翻地覆的改变；互联网教育的快速发展，还是依托于自身的内在逻辑，比如打造一套科学完善的底层学习系统，为学习者提供个性化的解决方案。

对此，做私厨共享的回家吃饭联合创始人谈婧也有同感。在她看来，出行共享和住宿共享最先涌现“独角兽”，跟它们都是标准化行业、商业模式清晰简单有关；而看非标准化的“吃的共享”，复杂程度要大得多，在美国也找不出什么可供参照的模板，得一步步去验

证、摸索，逐步把平台发展起来。

共享租车平台的用户是私家车主和潜在的用车人群，中国私家车保有量1亿，驾照3亿人，家庭过上有车生活的欲望非常强烈，但又不允许每个人如此，否则交通会严重瘫痪拥堵。尤其在限购的北上广深，很多人买不到车，或者价格非常高。共享租车平台因此应运而生，用更少的车辆满足更多的自驾出行需求。保守估计，3年内中国有千万车主加入租车平台，以此提高家庭收入，同时有自驾需求的群体也会有近千万加入，他们虽然没摇到号或者买不起，但通过共享一样实现有车生活。

就共享租车平台自身的发展而言，当然希望借此契机把规模做大。以往大家的打法，很多都是通过补贴来跑马圈地。然而去年下半年资本市场转冷，得到风投支持的租车平台寥寥无几。我们PP租车虽然顺利拿到融资，但也从过去注重以规模和营收，转变为现在注重健康持续发展。我们现在把重心放在认可共享租车并且参与其中的用户，不断提升他们的体验，同时让他们传播和教育更多人参与到共享租车平台，这样比跑马圈地有更高的效率。

具体来说，我们今年有一套“加减法”的逻辑：减法方面，对用户的补贴、效率偏低的市场投放会减少，随着效率的提升，服务团队数量会持续优化。加法方面，对内增加产品技术的投入，让用户体验更好，同时加强用户运营，提高用户活跃度和口碑；对外，针对平台的大量自驾人群，我们跟汽车生态圈等相关合作伙伴开展合作，给用户带来更多价值，比如二手车、汽车后市场平台等，让彼此创造更多商业回报。

互联网教育一直处于稳定发展状态，即使在共享经济的大潮下，也不太可能快速乃至爆发式发展，这由教育本身的周期性和系统性所决定。

因为教育资源不均衡，很多三线城市没有办法得到优质的教育。通过共享经济可以吸引全球老师来分享知识，为学生提供服务。但这需要依托于完善科学的学习模型系统来教学，学习者的每一步都可记录，同时通过知识图谱，让学习者更方便而快捷地学习，并且系统可为他打造个性化的学习模型，最后通过学习系统的检测，让学习知识的结果可被量化，这才是真正价值。所以互联网教育平台越来越重视技术底蕴的体现，打造科学合理完善的底层学习系统，实现学习质量的提升和学习效果的可测量化。

然而，打造学习系统有一个前提条件，就是平台必须拥有海量的用户数据，这样搭建学习系统才会是科学合理的。以英语学习为例，目前国内学英语的人起码有3亿–8亿，那么平台至少要有百万量级的用户规模，才可能往学习系统的方向走，并且对于数据提炼和技术提升需要持续投入开发。就像淘宝虽然有很强大的消费数据库，但人们的消费习惯在不断变化，数据就得不断更新，优化购买系统和购买模型。

纵观目前的互联网教育市场，能达到上述用户规模的并不多。很多投资人说，2012–2015年是互联网教育的窗口期，冒出很多创业企业。而现在，很多产品同质化，光背单词的软件就二三十款，行业洗牌势在必行。如果现阶段还没做出比较好的业绩，要么关门，要么被收购，从去年开始，很多上市公司疯狂收购互联网教育企业。总之，

市场留给创业者机会已经越来越小。

同样地，“回家吃饭”联合创始人谈婧在讲到共享经济时说：“我最开始是在出行共享行业，担任Uber中国的战略运营主管。这个领域的业务模式已经被探清了，我想尝试点别的。刚好我是个吃货，对于白领们不想天天吃餐馆、渴望吃上‘住家菜’的需求深有同感，于是投身到新兴的‘私厨共享’。”不同于出行共享有现成的模板可供参照，吃的共享基本上是一片空白。加上吃又是非标准化的，复杂程度更高。总之，一切都得靠自己从头摸索。

我们做过研究：中国大概有4亿家庭，如果从中抽取3%成为家庭厨房，就有1200万个家庭可提供饭菜，相对于餐馆只有500多万家而言，将是巨大的提升。回家吃饭从去年9月开始搭建运营团队，在供给一端，主要招募擅长做饭的全职太太和退休的大爷大妈两类人群，鼓励他们开个人厨房，平台每天都收到许多报名；在需求一端，我们针对白领市场，在北京、上海、广州、深圳、杭州5个城市的商圈拓展用户。现阶段来说，教育用户是“回家吃饭”的发展重点，我们得让更多白领知道，除了去餐馆，还可以有另一种干净放心、又富有人情味儿的吃饭选择。

当前经济下行，一定程度上会影响人们在外就餐的意愿，全职太太开个人私厨也是创造收入的一种方式，这或许会让私厨共享的理念更容易得到传播和认同。不过这也只是起到“催化剂”而已，毕竟任何一个能做长久的企业，根本原因都是解决消费者的痛点。我们的精力还是从用户需求出发，把业务做扎实，把产品打磨得更加好。

58赶集集团CEO姚劲波曾经说过：“58赶集集团旗下58到家共享

的是人的‘专业技能’，为用户提供家庭保洁、上门美甲、搬家速运等到家服务。目前估值达10亿美金。一年前我们推出一个新的服务叫58到家，58到家是把人的时间来共享，你不再需要拥有一个专门的保姆或者专门的司机，我们让一个人弹性地就业，弹性地为你服务，这个服务推出一年时间，我们就从零做到十亿美金的估值。”

现在比较开脑洞的“共享经济”的模式有“滴滴打人”“滴滴厕所”？What？这是真的？

“现代家庭每家都有一个厕所，但这个厕所并不是高频使用产品，它有很大一部分的空闲非使用时间，在这段时间来到此地急需使用厕所而又找不到公共厕所（很多时候不是找不到是根本没有），或对公共厕所各方面条件不满意的人就可以提出使用附近私人家厕所的需求，而某些家正处于闲置状态的厕所就可以满足这种需求。”

共享经济下如何给创业公司投资

雷军说，站在风口猪都能飞，共享经济就是未来5-10年的这个风口之一。我们可以从资本市场对这个领域的投入可以看出来，Uber今年融资10亿美元，估值超过500亿，而Airbnb同样在今年融资10亿美元，估值达200亿美元。这些都是资本市场看好这个领域的征兆。

但在这样的背景下，虽然创业相当火，可是创业者很难找到投资人，投资人也很难找到好的项目，如果有那么一个APP能够一键解决投资约谈、项目促成的事情的话，将会如何呢？

找投资人估计是所有创业者最头疼的事情了，网上到处都是投资人，可到了现实情况下，投资人哪有时间约谈一般的创业者啊。更何况投资人的时间有限，创业者也不知道他们的时间到底什么时候有空，所以很多好的项目是因为没有碰到合适的投资人而失败的，甚至走上了高利贷的道路……

为了应对此问题，一键见投资人应运而生，满足了全球创业者与投资人的问题，让创业不再困难，投资不成问题，让创业者和投资人的资源实现充分共享。

同样地，当美国房屋共享短租平台Airbnb开启扩张中国市场之路

的时候，其在资本层面的两家中国战略合作伙伴是红杉资本中国与宽带资本，而在产品和用户层面Airbnb团队必将面临如何“接地气”的考验。谁可能是Airbnb入华下一个伙伴？钛媒体作者李北辰的一番大猜想：

事情你们已经知道了，在中国红杉资本和宽带资本的护航下，共享经济的鼻祖之一、美国短租共享经济品牌Airbnb宣布正式进军中国市场，这不是一个出人意料的决定，毕竟Airbnb入华只是时间问题。

可以肯定，与不少来自美国的先辈与先烈一样，Airbnb的入华势必将面临它们面临过的一切问题。另一方面，在中国O2O这样一个“文武双全”的残酷博弈中，面对中国市场诸多Airbnb“复制者”的竞争，当Airbnb本尊降临，其落地姿势无疑需要更强的适应性。而若考虑到现阶段人们习惯于放大共享经济阳光下的阴影部分，Airbnb的入华之路看起来似乎颇为凶险。

所以在我看来，一个更值得探讨的问题来了：Airbnb是会如十年前易贝易趣那般单打独斗最终败走麦城，还是如十年后Uber那般借助“地头蛇”力量而得以与他人分割江山？如果Airbnb的选择是后者，那么它会选择谁？

Airbnb联合创始人布莱恩·切斯基曾表示：Airbnb的使命是连接全球，而中国是全球市场最为重要的一环。但现实却显得有些惨淡，迄今为止，Airbnb在中国仅有几千套房源，不足全球总数百分之一（事实上，整个亚洲也不足总量十分之一），且多数中国用户只有在出国旅行时才记得打开Airbnb，这离将中国市场接入世界版图的雄心相去甚远。

毫无疑问，Airbnb入华的当务之急是扩大用户基数以及拓展优质房源。相较而言，似乎前者更像是Airbnb立足之本，这直接关系到VC的评估和未来发展的原驱动力；而拓展房源则是对于Airbnb本土化的全方位考验——无论是接近凶残的区域地推还是与政府关系的巧妙博弈，都是摆在Airbnb面前的门槛——相信你多少听说过网约租车市场前期那些“可歌可泣”的推进故事。而从直觉便知，与共享汽车相比，共享房屋面临着更为复杂的法律风险，酒店业所涉及的包括工商、消防、税务、公安等管理部门都会让这一行业的玩家们头大。

作为口碑相传甚广的外来者，无论从哪个角度，Airbnb都需要尽快摸清中国市场行情——更重要的是，避免那些异国先烈们的曲高和寡。头戴光环的互联网巨头在中国折戟沉沙的悲惨境遇为后辈们摸清了一条心法：尽量不要端着，不要阳春白雪，就要接地气，就要领英变赤兔。

可以想象，尽管小猪短租在七夕之日写了一封深情款款的告白表示“欢迎远道而来的朋友”，但当Airbnb真正开始行动，定会搅乱市场。要知道，在此前一段时间，小猪、途家、蚂蚁等同质本土品牌已进行了深耕本土的运营工作和多轮良好的融资。所以Airbnb的推广活动是否接地气，如何与本土品牌过招，战术凶狠或优雅，都是Airbnb要想清楚的问题。

事实上，盘点近十年国外互联网巨头入华世态，几乎都以本土品牌阻击战大获全胜收场：易贝中国化的易贝易趣被淘宝网杀得全军覆没，亚马逊的高大上不敌京东“老板娘是谁”的另类传播。现在看来，Uber算是最值得关注的异数，它成功顶住了来自政府监管部门和

本土竞品的多重压力，以“人民”的姿态缓慢生根——这多少可以为Airbnb带来某种启示。

在我看来，深究Uber成功之道，除了入乡随俗善打价格战以及对于跨界营销诉说品牌故事的重视，选择与巨头联姻无疑是其最为讨巧的战略选择。在巨头中除了获得大笔注资，获得他们的产品资源就相当于获得了成熟的中国的用户市场，技术平台、伙伴资源平台等等都可以为其做中国业务的战略加持。Uber与百度的合作就是一个成功的例子。

现在来看，拥有2亿用户量以及占据地图导航七成市场份额的百度地图，确实成为Uber天然的广告载体与导流平台——要知道，中国用户打开百度地图即可在首页呼叫美国专车品牌，这可是过往任何外资企业不曾享有的待遇。某种意义上，百度战略投资Uber相当于为后者提供了“一条龙”式服务，“强龙”Uber借助“地头蛇”百度的整体资源技术优势，不仅试图逐步达成在华战略目的，更具备了抗衡滴滴快的和神州专车等本地土豪的所谓“身份认同感”。

作为深谙各种平衡与博弈的Airbnb领导者，相信布莱恩·切斯基一定有充足的理由决定效仿共享经济的同行Uber，尽早寻找到一棵牢牢扎根于本土的大树，之后借势“乘凉”。

Airbnb会选择谁?

首先来看一下，Airbnb寻找“大树”的理由是否充分。在我看来，Airbnb将围绕以下三个方向做文章：

第一，扩大和持续融资，这个没什么可说，参照Uber便知，在中国，补贴大战可谓惨烈，需要有红杉和宽带以外的巨量资本注入，

而无论是本土团队建设还是充满不确定性的地域扩张，Airbnb都需要钱；

第二，短租市场若想在中国良性发展，势必需要获得更多技术支持，以便更好地拓展线上功能，从各个流量入口吸引用户——你知道，当一个人身处异地，需求往往互为一体，而若将找房子的流程嵌入到出行（用车），游玩（地图定位）以及购物娱乐等整个链条之中，将产生无可估量的势能和应用价值；

第三，选边站队，嗯，这个看起来很虚，但事实上，正像滴滴高管团队中阿里系人才很多，视频行业到处都能看到腾讯系的身影一样，优质的创业团队可以凭借管理人员中相近的企业认同感和管理方式在一定程度上规避企业的运营风险，在管理和高管选择等人事行为上，获得本土巨头的良性影响。

那么Airbnb到底会选择谁？BAT三巨头中，先从B说起，百度。

若百度联姻Airbnb，可以为后者提供些什么？首先自然是百度优质的流量入口，搜索的天然需求，能够让更多人锁定Airbnb品牌，百度地图，请求定位及导航上的技术优势，如前所述，住宿只是整个出行流程中的重要一环，所以百度地图背后核心的LBS技术才是与Airbnb合作最迷人的想象空间，要知道，百度地图先前已经集成了Uber、e代驾等多种出行功能模块，倘若未来与Airbnb资源对接，那么当你打开地图便可浏览全部Airbnb短租数据，还会为用户智能推荐当前位置附近的民宿资料——某种程度上，百度平台上给予的“用户决策引导”，才是令酒店业如临大敌的终极场景。

除此之外，百度一直强调的大数据+人工智能的技术并非噱头，基

于地理、消费环境等各层面数据分析、高度完善的用户画像和用户精准推荐等技术都在为百度的合作伙伴提供强大的商业体验。钟情于技术的Airbnb有着与百度相同的基因，这一点上用李彦宏的话来讲，会产生很强的“战略协同效应”。

另外，近些年来，百度始终秉持“自营+生态共赢”的开放态度，所以你尽可以全方位想象，譬如，如果说短租O2O与旅行O2O有着难以割舍的完整链条，那么当百度与Airbnb合作，去哪儿和Airbnb的资源整合岂不水到渠成？当然了，对于百度而言，从投资逻辑上，百度早前已经和红杉资本合作共投了天天用车，而两家资本巨头彼此满意的合作反馈延续到Airbnb之上也是顺理成章。

再说阿里。事实上，阿里与Airbnb之前展开了一些合作。首先无疑是支付接口，嗯，支付接口的选择是Airbnb脱离“高冷”形象的路径之一，Airbnb当然需要对接符合大多数国内用户使用习惯的支付模式。去年夏天开始，Airbnb逐渐向IP地址来自中国的租客开放支付宝服务，但对于来自中国的房东而言，为了适应国际市场，似乎还是得习惯用PayPal收款。据媒体报道，目前Airbnb与房东只能以美元结算，若想兑换成人民币，得在PayPal上申请电汇美元到中国内地银行卡，几个工作日后银行收到Paypal汇给你的美元，再让银行把美元按照汇率换成人民币，整个过程相当费事，所以至少从理论上，支付宝完全可以完善房东端的用户体验。但仅仅靠支付一个手段来拉拢关系显得不太靠谱，阿里可能需要更多维地去想象，展开其他的一些合作空间。

Airbnb联合创始人之一内森曾表示：

“中国有自己的科技生态体系，有些服务提供商只在中国有，我

们会为中国提供定制化服务，如支付，我们现在支持支付宝和银联支付等；对于微博、微信等社交工具我们也在和他们整合，这样人们更容易注册，将资料从社交平台转移，我们在为中国用户进行定制化来优化用户体验，我们还有很多工作要做。”

最后说一下腾讯。当评论者在预测Airbnb未来在华遇到的“水土不服”时，一个最常见的论调就是：由于中国人际关系缺乏信任，Airbnb打开中国用户的信任度市场将变得异常艰难，毕竟Airbnb所仰仗的欧美国家信用体系并未在中国全面落地。事实上，一些在线短租平台甚至希望参照酒店业，接入公安身份证信息系统，但进展并不顺利——怎么可能顺利……

其实可以理解，租客如过眼云烟，一茬又一茬，担心房屋受损和盗窃实属正常，即便欧美国家个人征信体系相对完善，在Airbnb建立伊始也曾面临不少安全上的质疑声（想想Uber就知道了）——对未知事物的恐惧，进而本能地产生排斥，这个逻辑在科技进化史上可谓连绵不绝。为应对人们的不安，四年前，Airbnb开放了社交关系链，用户可以接入包括facebook和LinkedIn在内的社交账号，Airbnb利用社交筛选系统优先匹配。

而现阶段Airbnb在中国仅仅开放了微博注册，诚如一位评论者所言：“如果要考虑到安全、社交等问题，我倒是希望支付宝、微信等贡献数据出来，出一个用户画像，有历史轨迹的积累基本可以判定一个人的习惯，并可以在很大程度上确保安全。”尽管看起来不切实际，但用户画像、精准推荐等一些内容，似乎百度的大数据能够轻而易举地做到。

在我个人看来，从已有迹象看，BAT三巨头中，相比于支付系统的完善以及社交关系链的影响，Airbnb会更注重自身平台的长远发展，而这其中，百度的优势就体现出来，它或许才是Airbnb更有兴趣投靠的金主。而倘若预言一朝成真，将会吸引更多的O2O国际巨头加入中国，与百度共同打造“连接人与服务”。当然，李彦宏“不谋求控股、不划分阵营、不怕洗用户”的开放政策也方便Airbnb寻找更多的合作机会，无疑为国内O2O生态建设培育了更多想象空间。

王刚说，好的投资必须是集中的，因为目前天使投资人的能力只能服务有限的创业者。他经常说一句话叫作“少招惹”，也就是集中精力，不要总想着广撒网。宁愿把鸡蛋放到一个篮子里也不要放到三个篮子里，因为投资如果是分散的话，就没有那么多的时间和精力做投后管理，而投后管理比找项目耗费的精力更多。

其次，做投资不要投机。有时投机可能会赚一笔钱，但是有一天失去筹码时也可能会是因为投机。此外，投资人需要尊重经济周期，否定经济周期就如同否定人类的呼吸。

进入天使投资领域不过3年的王刚已下注了70多家公司，其中独角兽公司滴滴如今估值已达160亿美元。说到天使人与创业者的关系如何处理时，他说自己总结了一个天使投资人公式，即25%的名+50%的利+100%的帮助+0%的权利；而对于创业者，他也总结了相似的公式，即：100%的名+100%的利+100%的权利+300%的努力。他还说，天使投资人不能去抢CEO的锋芒和光芒，而这需要创业者有300%的努力。

最后，如果想在共享经济领域创业可以关注哪些点？

首先，共享经济的核心是用一种新的连接方式将分散的多样化需

求与分散的、闲置的多样化资产（有形的或无形的）相连接并创造新的体验，关键要把握好三个机制：信用机制、匹配机制和价格调节机制。

有人问“如何避免供需方连接后把我跳过了”，我认为“分散的”和“多样化的”是保证对平台的稳定需要的两个关键词。现阶段共享经济主要集中在旅游、酒店、交通用车、零售、消费品、视频、音频交流等领域。我建议创业者可关注以下三个领域：停车位共享、物流共享和能源共享。

第四章

如何制定共享经济规则

共享经济的本质是通过整合线下的闲散物品或服务者，让他们以较低的价格提供产品或服务。对于供给方来说，通过在特定时间内让渡物品的使用权或提供服务，来获得一定的金钱回报；对需求方而言，不直接拥有物品的所有权，而是通过租、借等共享的方式使用物品。

共享经济的商业规则

对于从业者来说，共享经济给他们带来的收入比之前的工作要高。从目前来看，有迹象表明共享经济从业者在某些方面与那些在大众行业从业者有些不同。

例如，共享经济从业者可能大多是年轻者，因为年青一代都是伴随着智能手机普及长大的，他们都习惯了生活中离不开网络和各种APP。

变化一：从业者年轻人比重高。

2015年的一项由硅谷风险投资机构和斯坦福大学一个研究部门做的《1099劳动力经济调查报告》结果显示共享经济从业者年轻化特征明显。在整个共享经济从业市场中，大约有39%的从业者年龄在18—24岁，而在大众行业里只有12%的从业者年龄在18—24岁；在25—34岁这一年龄段，共享经济从业者中占比更高，达到68%，而在其他大众行业里只有1/3比例在这一年龄段。

变化二：从业者学历普遍较高。

共享经济从业者的受教育程度普遍较高。大约40%的共享经济从业者至少在大学以上学历，而在普通大众行业大学以上学历的只占32%。

虽然提供按需服务可能只是大学生在空闲时间利用自己的汽车或者自行车赚取一些额外的零花钱的手段，但尽管如此，其中也有很大比例的大学生。

显然，一位汽车共享服务司机可能与一位在Etsy卖马克杯的人会有不同的特征（现在已经有数据证明如此）。一项由Uber发起的调查显示：Uber上的司机大约有19%的比例是18—29岁的，与普通大众行业是相近的。但是在Uber司机受教育程度方面，大约有48%的司机是大学以上学历，远高于普通大众行业的从业学历水平，与共享经济从业者保持了同样的趋势水平。

变化三：从业者收入更高。

共享经济从业者每小时收入看起来真的很诱人。根据那份1099调查报告，共享经济从业者每小时收入中位数是18美元，高于2014年5月美国劳工局统计的全美职位每小时收入中位数，后者是17.09美元。

在某些部门，共享经济从业者似乎赚的要比非共享经济从业对手多。例如，根据美国劳工局统计数据，共享经济行业从业的体力劳动者每小时收入15美元，高于女佣、管家清洁工，后者只有9.67美元的收入每小时。

哈佛大学商学院商务管理教授和历史学教授南希·科恩（Nancy Koehn）表示，共享经济是指个体间直接交换商品与服务的系统。理论上，这涵盖方方面面，包括搭车、共享房间、闲置物品交换等。

所有这些交换皆可通过网络实现，尤其是通过智能手机。这种个体间直接交换的系统，在任何时间均可实现将世界各地成千上万的人们连接起来。

如今，越来越多的人通过网络进入紧密连接的全球市场。消费者通过上网进行消费或者交换，享用更加便利、舒适、快捷和实惠的商品与服务。

这个第三方可以是商业机构、组织或者政府。个体借助这些平台，交换闲置物品，分享自己的知识、经验，或者向企业、某个创新项目筹集资金。2011年，合作性消费被美国《时代周刊》称为将改变世界的十大想法之一。

关于共享经济的驱动力，有三个理由：

第一，消费者感觉有更大的主动权和透明度。现在人们经常会遭遇到四个问题，即波动性、不确定性、复杂性和模糊性。共享经济能使消费者在消费过程中充分发挥自我掌控能力。

第二，当今世界范围内正出现信任危机。来自不同年龄阶段的人群，尤其是年轻消费者对目前的商业和其他大规模组织的信任度越来越低。不少人对大商家的印象并不佳。为此，当他们发现卖家与自己产生共鸣时，感觉更可信，这类消费更具吸引力。

第三，消费者和供应者都在交换过程中更受益。消费者通过合理的价格满足了自己的需求，供应者从闲置物品中获得了额外的收益。

由于非自有的产品及服务，“共享经济”公司总时刻处于被竞争对手掏空和覆盖的危险中，表面上为顾客方和供应商都非常容易“搬家”，实质上是平台缺乏使命、核心能力和顾客品牌认知的体现。最相似的例子是嘀嘀快的补贴大战和团购补贴大战，所以，中国的创业公司倾向于做重模式避免覆盖战，比如阿姨帮自己雇用阿姨，小猪短租曾自己租赁物业等，这是一种相对安全的生存方式，但背离了“共

享经济”的精神，商业模式上即限制了自己的空间、约束了自己的时间。

我们从榜样Uber和Airbnb身上看看他们是怎么做到的：

（1）提供相对可以描述和度量的服务，比如Uber提供的车辆信息、服务标准和安全抵达目的地；Airbnb提供的房屋信息、服务标准、安全保障。这么做，是为了使交易符合预期，从而建立交易双方的信任和满意度。

（2）使用大数据和计算能力，极大的提高匹配效率和降低运营成本。

（3）进行完善的交易后评价收集和处理反馈。

（4）理解当地的核心需求和人文特点，进行适应性功能开发和品牌定位。

（5）制造惊奇。

以上是市场建立者和领导者的做法，那新创企业有没有机会瓜分市场甚至后来居上呢？

当然，商业的规则是，只要找到合适的切入口，新创企业依旧能玩转，例如京东、唯品会之于阿里，陌陌之于微信。

核心是细分，与领导者同质化竞争是红海，按领导者游戏规则走，必被消耗死。细分则立即跳入蓝海，通常领导者有相对固化的定位形象，反而无法在细分市场建立认知优势。举个例子：即便是Uber覆盖了中高低端的出行需求，新创企业仍然有机会差异化切割市场，比如切出女性会员市场、切出尊贵客人市场等。那么如何与Airbnb差异化竞争呢？策略是，如果它没来，那我就要找机会做领导者，比如

小猪短租目前定位。如果它来了，我可以选择（1）吃掉它；（2）跟它合作；（3）寻找一个差异化市场立足，比如青年旅行市场。

领导企业类似全科医院，新创企业类似专科医院，病人出于个体关注通常会选择专科，就是这个规律。

共享经济公司，必须有自己的独特使命和定位，反映到外在是平台参与方（顾客和供应）对平台独特的寄托和依赖，建立独特的沟通关系和心灵承诺；在产品技术上也应做持续的改进。

共享经济是人类未来的生活方式

所谓经济，原意是经世济民、物质生产的学问，每一种经济形态都是人类社会的一种组织方式。滴滴、优步、空中食宿这样的公司，给我们展现的就是一种全新的社会组织方式：从消费品开始，把衣食住行的资源共享出去，比个人独占使用的模式创造更大的经济价值。相信在不远的未来，更多的产品和服务将进入共享经济的领域，届时人类的日常生活和生产将充满形形色色的共享资源。

人们正开始更看重购物中体验的意义，而并非购买的商品本身。

美国著名财经网站Market Watch刊文称，互联网购物者将会摧毁亚马逊，其原因在于人们正开始更看重购物的意义，而并非购买的商品本身。文章指出，这种倾向于体验而非购买活动本身的趋势正在侵蚀沃尔玛和亚马逊的利润。

以下是这篇文章的全文：

互联网正在毁掉沃尔玛，因为当人们能在网上下单购买物品，用手机进行比价，并在24小时内拿到自己订购的商品时，在沃尔玛他们找不到什么能令人感到惊喜的东西。

但令人惊讶的是，这些趋势正在毁掉的不只是沃尔玛而已，就连

亚马逊也面临同样的威胁。

需要事先说明的是，亚马逊早已认识到，其业务并非出售商品，而是在想要购物的人与出售商品的人之间建立联系，然后从其交易活动中抽成。亚马逊明白，这种买卖双方之间的关系才是真正有价值的东西；管理这种关系和供应链，而把生产商品的中间环节留给别人去做，这比商品出售业务要有效率得多。

这种强调元数据（关系）和出货（供应链）的做法意味着，亚马逊能在消费者想要购买某种东西时做出智能化的正确建议，让其能以符合自己期望的价格来买到这样东西，然后再以快于竞争对手的速度将其送到购物者手中。然而，尽管这种战略确实给亚马逊带来了竞争优势，但却忽略了其他所有大型零售商也同样疏漏的原动力，那就是：意义。

不管是由于一般购物者购买力的下降，还是由于互联网能提供的商品数量已经呈现出铺天盖地之势，抑或只是因为公共意识的转变，总之人们正开始更看重购物的意义，而并非购买的商品本身。

举例来说，截至2013年6月份，美国汽车销售量同比大幅下滑了18.8%。事实上，2012年的汽车销售量就比2007年少了近180万辆，当时的销量达到了1620万辆。在2009年，美国汽车销售量仅为1040万辆，人均销量创下自二战以来的最低水平。

而就炫耀性消费而言，情况并不比新车购买好多少。但在另一方面，不妨来看看Airbnb是怎样崛起的，在2012年6月份，这家成立于2008年8月份的度假屋租赁公司的全球客房间夜预订量达到了1000万；而在一年以前，这个数字还没能达到200万。现在，Airbnb已经活跃在

192个国家的1.9万多个城市中，今年营收预计将超过10亿美元。

这中间的差别在于，对消费者来说，购买一辆新车跟上一次购买新车是种极其相似的体验；也就是说，这种消费行为不会给人们带来十分独特的体验。大家都知道需要花多少钱来购买一辆新车，平均价格为3.05万美元（2012年数据）左右。

对比之下，通过Airbnb来预订一个露营帐篷又会带来怎样的体验呢？或是在巴黎左岸做“沙发冲浪”（Couch-surfing）？又或是在环游世界的过程中与陌生人半道相遇，结交新的朋友，在某个遥远的地方获取一段真实而贴近当地的体验？这都将是无价的体验。

这种倾向于体验而非购买活动本身的趋势正在侵蚀沃尔玛和亚马逊的利润，因为它们无法提供“意义”或是“关系”。

而与此同时，一些新的在线平台则正日益开始提供这些东西。Etsy、Airbnb、Uber、Taskrabbit、Skillshare以及其他许多网站都允许消费者找到一些人，这些人要么会制作他们想要购买的东西，要么会主动提出以物易物，交换自己想要的东西。

Etsy就是个很好的例子，这个网站能把小规模制作手工艺品的生产者与愿意高价购买这种手工艺品的消费者联系到一起。举例来说，如果有人想给自己的母亲买一个茶壶套做生日礼物，那么几乎肯定能在沃尔玛买到，而且价格还很便宜；或者，也可以很方便地在亚马逊网站上找到自己想要的东西。

但在Etsy网站上能买到的则是，由住在英国的一位老妇人手工制作的茶壶套，花纹编织的工艺则来自于历史悠久的家传手艺。在这位老妇人编织的过程中，她会每隔一周就给你发个视频，让你知道已经编

好了多少；到货时，她编织的茶壶套会裹在一张纸里，而这张是使用从她自己花园里采摘的花瓣压制而成的；此外还将随附一张手写的字条，能让买家与自己的母亲促膝共读。

这种“关系”的价值是很难用金钱去衡量的，只能说是独一无二的、有意义的。而且，随着买家母亲拥有这个茶壶套的时间越久，其价值也将日益增加。这种“意义”已令Etsy的总交易额在2012年达到了近9亿美元，比去年的5.25亿美元增长了71%。Etsy的平台已拥有80多万活跃卖家，去年新增用户人数达到了1000万人，其增长轨迹毫无转弱迹象。

那么，跨国零售商能做些什么来对抗这种模式呢？个性化、聚合化、组织化以及定制化。对零售商来说，只有认识到它们是客户关系之间的“管道”——无论是人与人之间的关系，还是产品与产品之间的关系——才能在这场战争中取得胜利。

当然，任何事物都有两面性，我们不可忽视在共享经济大潮中对个人隐私和安全的保护，要警惕许多貌似打着共享精神的旗帜，实则鸡鸣狗盗的违法行为。

举个常见的例子，今天我们走到哪里都习惯用手机和其他移动设备上网，而不时你就会发现免费Wifi出现。看起来这些免费的Wifi很有共享精神，岂不知贸然接入以后，很可能你很多敏感的个人信息就会被盗走，继而带来财产和其他损失。

一种新模式的出现，并不会改变人性，比如共享打车也发生过强奸乘客等犯罪行为。在共享大潮涌起时，会有很多投机分子甚至是不怀好意的犯罪分子想要趁机捞上一把。我们对此要有清醒的认识，

也更呼唤全方位的信用体系的建设，让搭便车的违法犯罪行为无处可藏、甚至无从下手。

共享是一种全新的思维模式。曾经我们强调对事物的拥有和控制，一辆车、一间房，即使是闲置的，也以“我”占有这辆车、这间房而满足，但就总体来看，这是一种社会资源的浪费。现在以互联网发展为契机，思维改变为“我们”共同使用这辆车、这间房，整个社会资源得到了更好的利用。应该说，这还仅仅是个开始，未来随着大数据的发展，随着信息越来越灵活便利地生产、传输和处理，共享经济会更加深入渗透到各个角落，继而带来企业组织形式、社区居民关系等等深刻的变化。

一个伟大的时代，刚刚拉开序幕！

倘若要打造一个共享经济产品（服务），按照蔡斯的观点，你只需要三个步骤：“开发”过剩产能、“创建”共享平台以及“实现”人人参与。例如现在人人熟知的打车应用软件Uber，它的网站及移动应用可让车主将他们的私家车变为出租车。这里，空闲时间闲置的私家车便是过剩产能，Uber搭建了一个每周7天、每天24小时调度的平台，所有想利用碎片化时间参与其中的私家车主就是可以兑现的人人参与机制。然而尽管蔡斯认为共享经济是解决我们这个时代特有挑战的最好方法，特别是在气候变化方面，但是她也警告说，垄断可能会让这些公司掌握过大的权利。

即使政府可以通过反托拉斯法来限制垄断，但个体仍然是共享经济模式中最重要的一部分。用户需要多样性的服务，可以阻止垄断的形成，他们也可以聚集起来创造一个像比特币一样的去中心化平台，这样的方法也能够摆脱公司制的垄断。第二个挑战来自于共享经济模式对于员工的影响，在这一模式下，员工的生活和工作经常会被打断，平台也增加了不受保护的个体工作者之间的竞争，比如Uber司机。他们需要降低工作酬劳赢得服务机会，这使得他们从雇主那里得不到什么利益，针对这一点，蔡斯也在本书中提议了21世纪应有的新社会契约：每个人不论其职业地位，享有最低酬劳的权利。尽管许多批评家认为共享经济的到来是不可避免的，但是工人的权利和保障不可或缺，这种架构要成功运行显然还需要政府和社会的共同努力。

共享经济促成交易

在人类活动的早期，为了应对大自然的严酷环境，人们开始聚合成大家庭和部落，并在成员间互帮互助，共享相互的能力和物品。

经历三次社会大分工，专业的生产和服务组织出现，促进了劳动生产率的提高和生产规模的扩大。人类组织关系进化中也产生了私有制，私有制是个人处理劳动成果剩余、个人自由精神、社会单元需要秩序的必然结果。

对于“共享经济”的存在价值，归根结底必须回答的问题：（1）“共享”诞生出来的新分工形式，能不能创造出全新的价值。（2）“共享”是不是在某些领域，能比过去的专业组织供应者提供更高的效率以及使用更少的成本。（3）“共享”在鼓励打破私有制以及开放个人隐私时，是增加了人类的幸福感还是会引起社会组织的不稳定导致新的摩擦。回答是就可以继续研究发展，回答不是，那这样的“共享经济”是个伪需求伪命题，必然被专业组织所淘汰。

“共享经济”的理念落地为经济组织时，同样要遵守自然界优胜劣汰的法则，在结果、效率、成本上会和各种经济组织竞争，要顺着规律走、顺着常识走、顺着人性和人类发展的大趋势走，如此就能找到存在的空间。

事实上，自专车诞生之日开始，相关争论便从来都不能如此简单地做出结论。仅以司机收益而言，相比于传统出租车公司，专车司机的净收入是否有实质的提高呢？如果将车辆折旧、车辆保险以及司机本人的保险都计算在内，一概不管的互联网平台公司可能并不比传统的出租车公司更好。纽约和班加罗尔最近两份关于Uber的新闻调查报道同样得出了类似结论。当然，互联网平台公司大规模的补贴政策的确在短时间内同时提升了消费者和司机收益。但当优步（Uber）上市之后，当它必须对股东负责而面临利润约束的时候，现阶段的“美好时光”可能便不再会重现。

不过即使如此，问题可能也不大，无非就是收益分配的再调整而已。但专车问题的复杂性在于，它不仅仅只是商业模式的创新，更是对传统政府管理模式的质疑与挑战，而这也正是当前热议的“共享经济”的迷思所在。

一般认为，“共享经济”，以及相伴随的互联网平台的发展，是对政府规制的替代。信息经济学认为，政府规制存在的合法性基础是市场失灵。交易过程中普遍存在的信息不对称现象，需要政府规制作为外界力量的涉入，以避免“柠檬市场”和“逆向淘汰”问题的出现。举例来说，我们并不清楚街边饭馆是否存在食品安全问题，对此的担忧可能使得我们不敢前去就餐；而此时，作为一种规制手段，政府为该饭馆颁发的卫生许可证向我们传递了食品安全的信息，从而促成了交易的完成。

“共享经济”和互联网平台的出现却使政府规制成为多余，其

关键在于“声誉机制”和“显示机制”完美解决了交易双方的信息不对称问题。其他就餐者的评价，加之以简单易懂的评分排名，使得在没有“卫生许可证”的情况下我们也愿意消费就餐。数据驱动的扁平化信息传播途径，及其对于信息不对称问题的消解，成为新经济“拒绝”政府规制的根本理由。正因如此，芝加哥大学法学院教授Lior Jacob Strahilevitz才直截了当地提出“少一些规制，多一些声誉”；也正是基于此，Uber才在多地试图出台规制政策的泥淖中屡屡“反败为胜”，成功抵制了施加其上的规制负担。

但事实果真如“共享经济”倡导者所描述的那样美好吗？“声誉机制”真的如此有效，能够替代政府规制并成功解决信息不对称问题吗？答案可能同样不是那么简单。BlablaCar是一个提供长途旅行拼车服务的法国公司。针对其的一项调研显示，在19万次用户评分中，超过98%的评分都是“五星”最高分。2012年针对eBay的研究同样显示，67%的用户得到了100%的好评，而80.5%的用户得到了99%的好评。Airbnb上的绝大部分评分同样在4.5分或最高分5分之间。面对千篇一律的“高分”，“声誉机制”丧失了区分度，也因而丧失了解决信息不对称问题的基本能力。

导致“声誉机制”失效的原因有很多，包括买家与卖家的合谋、评分者对于被评者报复行为的担心。以及互联网平台的偏向性诱导等，当然还包括更直接的“刷分”行为。但无论如何，这些结果至少证明，“共享经济”及其所依赖的“声誉机制”并非包治百病的万能良药，它同样需要更多、更复杂的其他机制的共同作用。也正因为如此，Airbnb才专门雇用了人工团队来负责用户评分的纠偏工作；它同

时还引入了身份验证系统，通过其他方式来验证用户及其评分的真实性。

如果“声誉机制”的作用是有限的，那“共享经济”中的信息不对称问题又是如何解决的呢？我为什么愿意相信一个陌生人而坐进他的车里，或者住进他的房间呢？对于此问题而言，很直接的一个答案便是人与人之间本就存在的“信任”传统。

事实上，“搭便车”是一个很正常的社会现象。二战期间，顺路捎带士兵甚至被视为一种爱国行为。站在路边、右手大拇指朝上以寻求顺风车的动作也一度成为好莱坞电影的经典场景。除此之外，另外一种具有说服力的解释来源于“身份歧视”。2014年哈佛大学商学院两位研究人员所做的对比研究表明，在其他条件都相同的情况下，Airbnb上黑人家庭的租金要比白人家庭低12%。换句话说，我愿意坐Uber司机的车，并非因其在Uber平台上的积分有多高，而是因为这是一辆宝马。谁会愿意相信开宝马的人会来抢劫我呢？从这个角度讲，所谓Uber提供了“另类社交”的平台，可能不仅仅只是一个笑话而已。但如果真是如此，那么我们便有理由对互联网平台做出更多的政府规制。毕竟，我们并不愿意看到“共享经济”同样沦为社会分化的加速器。

围绕《意见稿》的争论正如火如荼，反对者多祭起“共享经济”的大旗，将其扣上了“反互联网”的帽子。诚然，当前这版《意见稿》的确存在诸多保守之处，沿袭了传统监管思路而未能充分认识新经济的特殊性。但反对者也应注意的是，“共享经济”远不是想象中那般简单，互联网平台远不如理论描述的那样完美无缺。只有正视并

正确面对当前现象的复杂性，我们才有可能真正发挥互联网平台的益处，走出一条“共享且共赢”的道路。

2014年12月17日，百度宣布与全球打车软件龙头Uber签署战略合作与投资协议，双方将联合开发技术并开拓国际市场。继阿里投资快的、腾讯投资滴滴后，BAT三巨头全部进军打车软件领域。

中国庞大的用车市场对Uber来说具有巨大的吸引力。不过一直以来，Uber只在一线城市布局，走的也是面向少量群体的高端路线，迟迟无法打开局面。引入百度的战略投资，至少可以获得以下好处：

一是流量。背靠大树的滴滴和快的，依靠数以亿计的补贴已经深入人心，无论是在司机还是用户端均已经建立了相当深厚的领先优势，更别说分别在超级App支付宝和微信支付里拥有入口，而后来者Uber如果没有导流，则很难进入市场。当下，BAT已经各有布局，同样拥有巨大流量的百度，是Uber想快速上位的不二之选。

二是本土化。用车是个非常传统的行业，与当地的利益格局密切相关。Uber受到了全球多个国家/地区的抵制，即便在美国亦如此。中国的情况未必明朗，互联网租车行业仍处于法律的灰色地带，Uber要想在各个城市落地，必然要依赖当地汽车租赁公司的资源。从当前Uber只在北上广深等少量城市落地的情况看，显然困难重重，但是这些看上去小而散的汽车租赁公司，却往往是百度的广告客户，借助百度这一渠道，Uber能够快速接地气。

三是地图。在全球都使用Google地图的Uber在中国有些水土不服，据之前媒体的体验和采访，Google地图在国内定位不准，导致对司机的投诉率上升，以致司机颇有不满，而百度地图正好能解决Uber

的这一痛点。

带着共享经济和大数据驶进中国的Uber从来不缺重磅新闻，2014年12月携手百度让Uber在中国上了“头条”。拥有海量用户数据的Uber平台，加上百度地图、钱包、市场份额，这种结合打开了人们的想象空间。

正如李彦宏所言，Uber属于“行”，而衣食住行的整体即是“服务”，“行”理所当然是“服务”的重要内容，也是百度作为媒介的痛点，此前用户无法借助百度的服务实现“到达”，即百度无法完全“连接人和服务”，Uber或许能改变这一点。

的确，O2O的时代有无限可能，代买早餐、代买蛋糕、代送快递，甚至还能代人遛狗，互联网时代，拥有海量大数据的Uber在未来不排除实现上述任何可能。

共享经济也有“成长的烦恼”

共享经济的快速增长也暴露了一些问题，面临“成长的烦恼”。这具体表现在哪些方面，会不会阻碍这个新经济模式的发展呢？

首先是共享经济与传统经济存在不公平竞争现象，引发了社会冲突。由于共享经济发展迅速，许多国家还没有明确是否应允许其合法化，更不用说思考如何促进其正规化发展的问题。

在这段政策暧昧期，共享经济的发展事实上逃避了正规经济应该负担的税收、社保等义务，对正规经济构成了不公平竞争，对正规经济从业者的利益造成了较大冲击，引发了一些社会问题。

例如，2016年6月份法国多个城市爆发了针对Uber的抗议游行，导致大面积交通瘫痪，数十车辆受损，多名人员受伤。随后法国要求在全国取缔Uber服务，并将于9月30日对两位Uber法国高管进行审判。

对此，Uber于7月3日声明，暂停在法国的打车服务，以保护Uber司机安全，并寻求与当地政府和解。我国也爆发了执法部门突查Uber广州公司、滴滴专车司机被扣车罚款以及多起出租车司机围堵专车司机的冲突。

劳动者缺乏“安全网”保障。现代社会对资本主义原始积累的一

大反思就是构建了社会安全网，作为保障经济冲击下社会稳定的最后一道防线。

大部分共享经济的“自由”从业模式，通常意味着劳动者缺乏“安全网”，从业者没有养老保险、医疗保险、失业保险等的保障。一旦发生严重的负面冲击，这部分自由劳动者将为“自由”付出较大的生存代价。

消费者利益保障机制不健全。共享经济增进社会信用的效果需要在“重复博弈、信息积累、优胜劣汰”的过程中逐步实现，因此共享经济有利于增进人与人之间的信用并不意味着每一时点、每一笔交易中的信用都是可靠的。

尤其是在博弈开始的初期，由于共享经济缺乏有效的信息积累而无法甄别供求双方的信用度，这个时候很有可能发生侵犯消费者利益的事件，目前并没有明确谁应该对这种悲剧后果承担责任。如印度Uber司机性侵女乘客，直接施暴者自然要负法律责任，但是让一个惯犯通过审查成为司机的Uber公司是否应承担责任，尚存法律空白。

此外，由于目前共享经济大多游离在正规的监管之外，难以对消费者利益进行充分保障。以专车业务为例，很多专车平台并没有办理营运保险，一旦发生事故，消费者权益很难充分保障。

大数据壁垒可能导致新的行业垄断。共享经济高度依赖大数据来及时匹配供求，以达到减少信息不对称、降低交易成本的效果。从事共享经济的企业一般需要大量初期投入以获得初始数据，不过一旦业务顺利展开，云大物移技术就会使数据成为生产过程的副产品。

并且，云大物移的技术特点，决定了大数据采集、加工、储存与

使用具有明显的规模经济与网络经济特性，也即伴随着参与主体数量的日益增多、主体间联系的日益广泛，单位数据生产成本将以更快速度下降、数据质量将以更快速度提升。

这种特点决定了共享经济在位者的竞争力将得益于大数据生产的规模效应与网络效应日益增长，最终凭借不断自我增强的大数据优势获得行业垄断地位，并且这种由大数据造成的产业壁垒，仅靠资金投入难以短时间克服。

除此之外，这种垄断结构还存在垄断企业滥用市场势力的可能性，也即共享型企业凭借积累的海量供求数据侵犯个人隐私或其他利益。

不过，这些“成长的烦恼”将在共享经济的进一步成长中逐步得到解决。首先，共享经济与传统经济不公平竞争、劳动者“安全网”缺失、消费者权益保障不健全是典型的监管缺位造成的，这种缺位必将不是常态。

以房屋共享为例，2014年初阿姆斯特丹对Airbnb进行立法，征收5%的旅游税；2014年底，旧金山对私人住宅从事共享经济也进行了立法，要求房屋整体出租时间每年不超过90天，同时征收14%的酒店税。2015年开始，嘀嗒拼车也开始为乘客提供累计限额20万人民币的人身伤亡保险。

其次，技术特点造成的行业垄断风险不会是长期现象。由技术进步造成的垄断超额利润有利于激励创新与经济发展，并不是一件坏事，而由技术和数据优势造成的垄断属于市场垄断，而非难以打破的行政垄断和自然垄断。

一旦在位者丧失持续创新的动力，必将为锐意进取的后来者所超越，其垄断地位也将不复存在。曾经的科技巨头诺基亚占据着手机市场的绝对垄断地位，但是触屏时代的创新落后迅速导致这一垄断巨头覆亡。

总之，共享经济还不够成熟，短期内还有一些问题需要解决，但是长期来看，它在解决信息不对称、降低交易成本方面的巨大优势将有利于经济整体效率的提升。

即便未来共享经济承担了税收、保险等方面的社会责任，它的竞争力依旧，因为它的“闲置资源、闲置时间”模式，决定了它的生产要素机会成本较低，所要求的回报率也相对较低，有天然优势。

例如，嘀嗒拼车大多是司机在自己上下班路上顺便拉客，机会成本几乎为零，所需要的回报远远小于出租车，即便是承担了税收和保险，这种机会成本很低的优势依然存在。

幸运的是，滴滴在意义非凡的分享经济大潮中扮演了先行者和实践者的角色。

2014年之前，滴滴通过信息匹配，完成了出租车与乘客的连接。后来我们发现即使80%的出租车司机已经加入了滴滴，很多乘客高峰期依然叫不到车，因此我们推出了专车、快车。

但很快我们发现不管有多少职业司机在平台上，高峰期依然不能满足所有的需求，所以我们把B2C和C2C结合起来，把那些非专职司机的空余时间、闲置资源分享出来。通过“人人帮助人人”的分享经济模式，才有可能把高峰期和平峰期的问题完美解决。所以我们推出了快车产品之后，又推出了快车拼车、顺风车、跨城顺风车。

现在，我们用90%以上的应答率和60%的拼成率，解决了打车难问题，同时将分享经济的模式与理念带到了中国400多个城市，让2.5亿中国百姓切实感受到了分享经济带来的便利与舒适。

第五章

重构未来新模式

英国商务、企业及能源部长Rt Hon Matthew Hancock说："我们将积极拥抱新的、颠覆性的商业模式。希望更多的企业、挑战者能够加入到这个阵营，为广大消费者提供更新、更好的产品和服务经验。当其他国家和城市的消费者在被剥夺选择的权利，抑或无法自由选择如何利用他们的闲散资源创造价值时，我们将一如既往地拥抱新型的商业模式。"

创造一个你想要的共享经济模式

2015年伊始，互联网界最大的一宗未上市公司合并案——滴滴打车与快的打车合并落下帷幕。正如双方公司期许的那样，合并后"1+1>2"的模式，今后不会仅满足叫车、专车，未来或会涉足货运、长途、拼车等新业务。

不难看出，滴滴打车与快的打车在过去三年高速发展，已通过共享经济这种商业模式，从用户端、服务链条、商业价值端都进行了重构。让原本传统的打车服务、汽车租赁服务重新焕发了新生机。从更大的范围来看，近年风生水起的O2O行业，也属于共享经济商业模式。那么未来，共享经济模式会颠覆现有的商业逻辑与商业价值吗？

李克强总理在2016年的两会工作报告上，强调要大力推动包括共享经济等在内的"新经济"领域的快速发展。"以体制机制创新促进分享经济发展，建设共享平台，做大高新技术产业、现代服务业等新兴产业集群，打造动力强劲的新引擎。""支持分享经济发展，提高资源利用效率，让更多人参与进来、富裕起来。"而同样，共享经济也是腾讯马化腾在两会上的主要建议之一。

在过去几年，共享经济的商业模式在全球范围迅速崛起，以

Uber、Airbnb为代表的共享经济商业平台，以超乎想象的速度在影响和改变着人们的生活方式、商业的运行模式、组织管理模式，也对传统领域带来了巨大冲击和压力。在中国，从2012年的出行领域开始，共享经济的商业模式也在更多的行业和领域显现出来，从出行到短租平台、从物品的分享到技能、知识的分享、从C2C到B2B。一大批的创业者和创新者在这条道路上探索。据统计，2015年中国共享经济规模占GDP的1.59%，到2020年这一比重将增加到20%。

作为一种新的基于互联网技术的商业模式，共享经济企业在过去十年不断摸索和创新。成就了许多独角兽的企业。这一商业模式也有其独有的特点，成功的共享经济创业企业，在共享资源的发现、技术的创新、运营的极致方面都有其独特的领悟和实践，也值得更多新进入者的学习。

作为任何一家新进入的共享经济企业，在运作共享平台的过程中，一定会思考如下一些问题，如：

A.共享经济商业模式的本质是同时连接供应者与需求者，而双边又互为条件，相互促进；不像传统模式，在设计出产品或服务单向地寻找客户（需求者）即可，因此存在所谓“市场冷启动”的问题。怎样才能找到供应者与需求者？怎样才能让这双边用户群体运转壮大？

B.现在主流的C2C模式下共享经济构建的组织关系是让人脱离固定组织，成为一组组自由人的联合，怎样才能保证他们的稳定性？同样的在P2P模式下供应方的资源不是企业自有资源，而且是分散在社会中较难进行规范和约束，怎样去解决？

C.在共享经济环境下供应者与需求者大都为陌生人，当产生线上

线下的种种关系时，怎样才能建立起彼此之间的信任?

共享经济中存在着供应与需求关系信息不对称，匹配成功概率不确定的问题，怎样才能进行有效的匹配?

D.在过去几年间，我们对全球范围近几百家共享经济企业进行深入研究，发现成功的共享经济企业的商业模式运作在以下六个方面有明显优势：

1.挖掘充裕而稀缺的资源

共享经济使用的是闲置或盈余的资源。因此要成功，第一步便要挖掘怎样的资源可以被利用。这需要从三个方面来看：

首先，充裕性。只有总体充裕的资源，其被闲置或能盈余的概率才会高，才能够进行分享；

其次，稀缺性。该资源绝对充裕，但相对稀缺，即存在流动性稀缺与信息不对称稀缺的情况；

最后，标准化。能找到充裕而又相对稀缺的资源作为切入点，可以启动一个项目；但如果要将项目做大，对资源还有一个要求，那就是标准化程度足够高，或者能将标准化程度做高，因为我们知道，能快速扩张的一个前提是在不考虑进入新的市场前提下，流程可以标准化，这样才能迅速复制业务模式，进行快速扩张。

2.激发网络效应的平台

互联网模式下的平台创新从eBay网站开始，通过eBay网站让买卖双方直接在网上进行交易，连接了以往缺乏完善渠道的两个用户群体。而到了共享经济时代，平台模式更是迎来了前所未有的契机，将连接供应与需求的商机无穷放大，一边是海量闲置或盈余的资源，另

一边是海量需要使用这些资源的人们，供和需在平台上无尽循环，释放出惊人的能量。

首先，成功的共享经济平台，应该能激发正向的同边网络效应，就像在Facebook上，当人们看到越来越多的朋友在上面分享人生的日常百态与快乐点滴，会吸引自己也加入；同时也能激发正向的异边网络效应，就像在脸书上加入的个人用户越多，也就吸引越多的第三方应用程序（另一边用户）入驻。

其次，在构建平台模式的时候，还有一个非常重要的问题需要思考，那就是先吸引供应边的用户群体，还是先吸引需求边的用户群体，或是同时吸引两边用户一起入驻，这也就是“先有鸡还是先有蛋”的问题。在平台模式的历史上，尤其在共享经济平台的发展过程中，一般有多种策略可以采用，如补贴策略、用户顺序策略、双边同步与转换策略等进行操作。

3.突破引爆点的用户

当平台建立之后，便需要持续地吸引用户，促进用户规模的增长。只有当用户达到一定的规模的时候才能达到引爆点。这时候，大大降低了平台自身发展的不确定性，用户从其他地方转移过来的成本也大大降低，而同时，参与用户开始超越新用户想加入的最低意愿阀值。那么，究竟该如何获取用户，从而达到引爆点的规模呢？用户群被引爆后，又该如何绑定用户，防止他们的流失呢？

在供应侧，首先可以采取传统的地推方式，积累第一批种子用户，并逐步扩大；其次是使用高科技的手段，就像Airbnb在发展初期使用的增长黑客（Growth Hacker）策略，充分利用Craigslist等既有平

台的资源。

在需求侧，除了大家耳熟能详的口碑营销，消费者互相推荐之外，还可以利用免费、激发好奇、沉浸体验、场景加速器等策略。

当用户规模发展起来后，主要的挑战就转变为如何绑定用户。因此需要提高用户的转换成本，尽量封闭用户流失出口，构建良好的品牌和用户体验以及建立用户的归属感。

4.建设共情的社群

用户归属感的建立，最有效的方式便是围绕平台建立社群，在用户间产生互相依存的力量，并让用户感觉到了自己能在这个群体中发挥影响力。

建设社群，首先就要基于共同的志趣和价值观，构成核心用户群体，这些人具有极强的归属感，是社群的中坚力量；他们构建了一种亚文化，价值观非常明确，态度非常一致，社群规则能被友好地贯彻，他们不容易流失，还能帮助企业去获取更多的新用户。共享用车企业Lyft的经验就很值得大家一读。

其次，不但在线上要做好，也要做到线上与线下的结合，社群也需要线上与线下的互动，线上与线下的结合。因为这样，才能更好地增进用户与用户之间，用户与企业之间的接触与交流。手工艺者共享商业平台Etsy在这方面就进行了大量有益的尝试。

最后，社群也需要良好的管理与运营，使得社群的发展更好地与企业的整体发展相一致。缺乏管理的只能称为“群众（Crowd）”，而有管理与运营的才能成为社群（Community）。

5.维护基于信任的秩序

根据咨询公司普华永道2015年的调查，尽管有超过80%的被调查者认为共享经济让生活变得更美好，但也有69%的被调查者认为信任可能是一个问题。因此，如何构建共享经济世界中的信任感，是其成功商业化需要解决的可行性基础问题。在国外，成熟的个人信用体系是确保安全的基础，比如美国的FICO。除此之外，个人在社交平台上的信息和数据，也是一个很好的参考依据。另外，共享经济企业通过在运营流程上的环节来把控，包括事前进行把关，事中引入处理问题与争议的机制，及全程全范围的监控与分析，事后需要双方进行评价并有处理机制等。此外，还要在支付、保险等关键环节建立配套措施。

6.满足供需高效的匹配

共享经济的资源所有权在底层，资源使用权在表层，在商品上私有，但在服务上变为公有。这样的话，就造成了供应和需求的信息不对称。共享经济可以极大程度上扩展供应的网络，理论上可以盘活几乎所有闲置的资源，给需求者选择，这就是经济学上所谓的“稠密市场”（Thick Market）。但同时，稠密市场也带了一个很大的问题，即市场拥塞。此外，在交通出行、物流递送等领域，供应者和/或需求者还都处于一个移动的状态，甚至在某些小范围内需严重大于供。如何去定位需求，如何确保能最快地提供供应，这也给供需关系的配对造成了很大的挑战。

因此，为了更高效地进行供需匹配，需要建立筛选与过滤机制，削减流程中的降速环节。同时，尽可能地提供推荐选择。

特别在动态供需环境中，还需要增加供需关系透明度，刺激高峰

时刻的供应，以及充分应用价格杠杆。而在这方面，Uber的一键叫车、溢价算法以及动态定价机制堪称业内翘楚。

从历史的角度来看，共享经济这一商业模式才刚刚开了个头，未来，还将如何演进，还会对我们产生什么样的影响，这些有待我们去探寻和思考。

共享、创新打破了垄断的经营模式

在互联网时代，几乎每个行业都面临产能过剩问题，这个前提给共享经济提供了物质基础。在中国，“互联网+”行动计划下推进“数字中国建设”、发展“共享经济”成了大势所趋。那么分享经济、共享经济到底是什么？共享经济对未来的中国经济发展将有何影响?

2015年9月，在夏季达沃斯论坛上，李克强总理就当下备受世界关注的中国经济热点问题进行回应。在《达沃斯论坛总理最“强”音：分享经济是拉动增长的新路子》中讲到，在经济新常态全民创新万众创业时代背景下，李克强还专门提到了“分享经济”这个词。

他指出，目前全球分享经济呈快速发展态势，是拉动经济增长的新路子，通过分享、协作方式搞创业创新，门槛更低、成本更小、速度更快，这有利于拓展我国分享经济的新领域，让更多的人参与进来。李克强总理专门提及分享经济，并指出作为拉动经济增长的新路子，可见共享经济不仅符合经济发展形式，更是响应国家号召的一个极新的经济增长引擎。

2015年10月29日，中共十八届五中全会在京闭幕，会议通过的

《中共中央关于制定国民经济和社会发展第十三个五年规划的建议》提到，“拓展网络经济空间，实施‘互联网+’行动计划，发展物联网技术和应用，发展分享经济，促进互联网和经济社会融合发展”，并且在会后发表的五中全会公报中也提出要“发展分享经济”。

2015年12月，主题为“互联互通，共享共治——共建网络空间命运共同体”的第二次世界互联网大会在浙江乌镇盛大召开，中国国家主席习近平在开幕式上作了重要讲话，提出在十三五期间更要加强“网络强国”战略、大数据战略，表示我国要在“互联网＋”行动计划下推进“数字中国建设”，发展“共享经济”。并特别强调了“共享经济”对我国乃至全世界未来经济发展的重要性，并表示共享经济将会作为“国家经济战略”来加以推动。

那么分享经济、共享经济到底是什么？此次被总理提为“新的经济增长引擎”，被写入五中全会大会公报、被国家主席提为“国家经济新战略”，共享经济对未来的中国经济发展将有何影响？对我们又意味着什么？

“分享经济”作为互联网大发展下诞生的新词汇，代表着一种全新的商业模式的诞生，让所有参与体能通过利用移动互联网、大数据等技术分享信息、分享资源，将各自现有有限的资源进行资源匹配，整合重构了闲置资源，降低了消费者的购买成本，并最终打破了原有的商业规则，从而达到互联互通、共享共赢的目的。

在此经济新常态之下，达沃斯论坛之时，世界互联网经济发展大团结之际，结构性优化，系统性创新在经济发展中的作用尤为突出，商业的创新不单单是技术的创新，更多的是生态的、整个商业模式的

创新，由过去的“零和博弈”变为现在的“伙伴经济”。共享经济新模式将会是所有经济模式中的引擎模式。

综合而言，分享经济的特点可以总结为三个英文单词：Platform、People和Profit。

第一是平台化。传统的商业模式是链条式，在劳动者和消费者都严重依赖于高度组织化的商业组织，在供给与需求之间存在严重的信息不对称。

分享经济平台的出现，极大地颠覆了传统的链条式商业模式，如滴滴出行，它将司机与乘客都纳入到一个平台之内，让供给与需求有效地进行对接和配置，省去了以前诸多中间环节，降低出行的交易成本。

同时，平台化意味着轻资产，少雇员，是对传统商业模式的颠覆性创新，“劳动者—商业组织—顾客”的传统商业模式将逐渐被“劳动者—平台—顾客”的共享模式所取代。

第二是重新发现人的价值。在传统商业模式中，劳动者必须与某个商业组织建立人身依附性较强的雇用关系，以商业组织的名义向顾客提供单一且标准化的产品和服务，劳动者个人的能力与才华都被商业组织所掩盖。

在分享经济的模式下，人的价值重新得到重视。劳动者与平台之间只保持松散的联系：自行安排劳动时间、可以同时接入多个平台、不再受到严格的制度束缚。更重要的是，劳动者是以个人的品牌、信誉提供个性化、非标准的服务，商业机构的“名牌效应”不再具有效力，消费者更看重的是建立在用户点评基础上的劳动者个人信誉。

第三是以营利为目的。部分社会公众和监管机构对于分享经济存在误解，认为分享经济都应当是非营利的，我们可以把此类分享经济称为“公益性的分享经济”，如拼车和顺风车。

但更常见的分享经济应当以营利为目的。共享经济的本质在经济上是闲置资源的充分利用，从法学角度看，是使用权的临时有偿让渡。只有每一个共享经济的参与者都得到合理的回报，才能促进共享经济健康可持续发展。

如滴滴、快的打车重塑移动出行商业生态一样，特斯拉电动车也通过产品创新、卓越的用户体验，与面向高端人群的销售策略，迅速在汽车界打响了品牌知名度。尽管特斯拉在中国发展接连受阻，且财务营收难以在2020之前年看到企稳迹象。但龚焱仍认为，在2014年拉开的电动车行业大戏中，胜者仍然是以特斯拉、苹果、谷歌（微博），或是中国的乐视、小米为代表的外部选手，而传统车企则无机会进入这个赛道。

“从整个汽车行业演进来看，汽车行业在过去一百年间是缓慢的。但是大幕被以特斯拉为代表的电动车掀开后，未来五年之内整个汽车行业所面临的变革将超过过去50年的总和，大量的中国企业，尤其是民企将会跟进。”龚焱不看好传统车企的主要原因是，传统车企面临这批创新者，仍然难以丢弃过去的历史包袱。“他们（传统车企）过去在发展演进过程所形成的产能以及核心能力，是让他们过去得以盈利成功的因素，往往会变成他们走向新的突破市场方向的最大障碍。”

在Craigslist网站上传照片。上传照片的根本原因就是产能过剩。

20世纪90年代中期，克雷格·纽马克（Craig Newmark）就开始在网络上做很多便民的好事，并且“发现很多人都在互相帮忙”。之后，纽马克写道：“在1995年初，我决定要通过邮件抄送的形式回馈社会，关注发生在旧金山的艺术和科技方面的事件。”当时，纽马克住在旧金山，对这两方面的事件有着浓厚的兴趣，而且他意识到，在闲暇时间里他可以成为一个中心枢纽。他收集这些事件并对其进行分类，把它们写在电子邮件里，通过简单的复制就可以和很多人一起分享（第7个例子）。他在1999年创建了Craigslist网站，自此信息就可以自由传播了。

Craigslist以及纽马克本人“相信开源软件，并依赖于Linux、MySQL、Perl、Apache、Sphinx、Redis、Haraka以及其他技术”。开源软件本身就是程序员们在工作之余（夜晚和周末）创建的。这类软件工具需要让成千上万的代码编写者贡献自己的一小部分代码，作为开源软件平台总代码的一部分。每人贡献一小部分力量，如几行代码或是几分钟，最终就会创造出几近无限的过剩产能供大家利用。

用我的智能手机拍照。这是当今世界最具创新性、经济效益最高，并且正在改变世界的一类过剩产能。我指的并不是手机的拍照功能，尽管它也非常厉害，我指的是用手机来实现外部创新。早在20世纪80年代的美国，家庭电话就是垄断通信行业的美国电话电报公司的一种资产。即使没有使用，你也要按月支付租金。电话不是属于你的，你无法做出任何干涉，它只是连接到电话公司网络的一种方式。可想而知，这种垄断的经营模式在面向消费者的产品和服务中没有任何创新。

20世纪90年代，手机开始缓慢地进入美国市场。那时，手机是昂贵的奢侈品，几乎只有大老板们才能使用。多年以后，我公公仍是我认识的人中唯一拥有手机的，他是一名医生。我在2002年购买了自己的第一部手机，那时50%的美国成年人都已经有手机了。这还是Zipcar的同事们催促我购买的，因为我不在时他们很难联系到我。

“共享经济”表现出以下特征：

1.多数有一个由第三方创建的平台并借助信息技术；

2.用户个体自由组合连接，或交易闲置物品，或分享知识经验，或为企业或单个创新项目筹集资金等等；

3.重构社会关系结构，改变生产制造协同方式，SOHO一族获得更多关注。

总之，Uber、Airbnb这些共享经济的典型代表，正在给商务旅客市场带来变革。数据显示Uber在美国已经非常主流了，而且今年第一季度首次超过出租车成为更受商务旅客欢迎的打车工具。Uber在持续不断地积累人气，对抗直接的竞争对手和传统地面交通工具。

共享经济改变消费模式

健全的游戏规则，行业才能向良性的方向发展下去。信任机制，是共享经济产业发展的加速器，明确供应者、消费者和平台各自应当承担的责任，才能促进整个产业的持续发展。其中不能缺失政府职能部门的监管，而不是用传统暴力方式一刀切，这样既不能解决问题，反而会适得其反。

据PWC的调查报告显示，美国大约有一半的成年人对共享经济有所耳闻，大约20%的消费者曾经亲身参与过——无论是作为供应者还是需求方。

是什么原因吸引了这么多的人来参与呢？除了便捷、省钱外，信任是共享经济的核心。只有在人和人之间建立了互信的基础上，“共享”行为才能实现。这需要平台方作为“中间人”很好地起到制定游戏规则的作用，通过协议、数据及系统有效地进行身份验证，并根据交易记录对信用等级进行评定。对于任何发展以共享经济为前提的商业行为，只有做到让参与者觉得放心可靠，才能在供求两端吸引到更多的参与者。

所以，信任的重要性，以及依然普遍存在的对共享经济模式迟疑

不绝的态度，在为共享经济贴上标签时增加了很高的难度。在创新和现有法规不断博弈的过程中，这种矛盾也越发突出。

举例来说，如Uber，他们在全球范围内扩张，但却遭到了不同程度的抵制。在法国，Uber司机遭当地出租车司机的围堵事件层出不穷，并一度导致大面积交通瘫痪。为了保护司机、乘客的人身安全，Uber不得不决定暂停在法国运营。在中国，Uber先后在广州、成都、杭州等地遭遇过“钓鱼执法”和出租司机的围堵及竞争对手的暴力攻击。

作为共享经济教主地位的行业，Uber和传统行业的摩擦及与现有法规的种种冲突也显示了政府职能部门在推动新兴产业发展过程中应该起到的重要性。不得不承认，互联网技术的创新步伐已经远远超过了现行政策法规的更新。一方面政府承担着调整政策以适应新兴经济发展的责任，另一方面又要多方考量，监控其冲击主流行业。对于类似Uber这样的创新企业，政府需要考虑的是如何监管，而不是一刀切。

这方面做得较好的应该是英国政府，2014年9月，应英国商务和企业部长的要求，英国P2P创新企业Love Travel Club的创始人Debbie Wosskow对共享经济在各方面的影响作了详细阐述，对今后政策改革的方向提出颇具前瞻性的建议。英国政府的回应也给迷茫中前行的从业者、政府职能部门提供了一道曙光，也可以给大家提供借鉴作用。

商家提高信用度，政府提供有效可行的监管，共享经济需要这种正向激励，通过与个体之间建立信用关系，逐步在全社会达成信用共识，不断提升整个社会的信誉度，平滑因信用缺失造成的经济摩擦，

最终促进市场经济运行效率的提升。

共享经济模式下，是否真正能够释放闲置资产的价值是关键的关键，也是社会资源重新配置的开始。

“在座的诸位谁自己拥有电钻呢？”Rachel Botsman在2010年的Tedx Sydney上问听众，他是《共享经济时代》（*The Rise Of Collaborative Consumption*）一书的作者。可以预料，观众们几乎都举了手。“电钻在整个生命周期里会被使用12到15分钟”，Botsman继续假装恼怒地说，“这有点荒谬，不是吗？因为你需要墙上的洞，而不是电钻。”

她停顿了一下，在听众们轻声发笑的时候，然后给出了一个并无新意的解决方案。

“你为什么不去租个电钻来用呢？或者把你自己的租出去赚点钱？”

在那个时候，这种Botsman所称的“协同消费”（collaborative consumption），或者后来更广为人知的“共享经济”（the sharing economy），看起来温暖、模糊、不可避免。美国式消费主义已经被非常严重的经济衰退打击过，大家越来越担心自然环境，新的在线网络能让我们和邻居分享各种资源，我们能靠更少的资源过活。“现在我们居住在地球村里，我们能在前所未有的距离范围内模拟面对面交流”，Botsman解释说，这样的新系统能让我们“找回失落的人情味”。根据她的说法，我们正在经历“从个人消费购买到重新发现公共利益的突变”。

共享模式拥护者的数量在不断地增长。根据普华永道2014年12

月在美国进行的研究，44%的受访者知晓此概念，而他们中的19%已经参与过这种交易。根据一项2014年面对6000万消费者的调查，41%的法国公民会经常进行“协作型消费”；14%的人使用过长途拼车网BlaBlaCar——无论是作为乘客还是司机。

住房分享已在全球遍地开花；交通工具共享正快速成为现实；金融领域的改变虽然还微不足道，但也在迅速生长。这种经济模式存在内生动力并不断累积：78%的用户发现共享经济强化了其消费欲望，64%的人发现促进了社交和娱乐，43%的人则是因为单纯拥护这样一种理念而参与其中。那么，这种热情究竟会如何改变人们的行为?

单纯从字面来看，它应该包含“公众协作生产”，这个词由约凯・本克勒（Yochai Benkler）提出并大力推广，以维基百科为典型。但“共享经济”更应该指资产、空间（住房）和工具的共享，基于所谓“网络财富”，对大量个人闲置资源加以利用，进而提供一种新型的生产和消费模式。

说到消费模式，不得不提SaaS架构；SaaS即Software as a service，软件即服务，一经要求，即可使用的模式。这种订阅式的服务很好地满足了共享经济的模式。主流的网上的集中商业模式如下：

1. Free：Always Free。免费的互联网服务模式，通过广告来支撑收入。

2. Purchase：Buy once，use forever！购买一次就永久使用。绝大部分的付费软件都是使用这种模式。

3. Transactional：Buy as you go。像Uber和滴滴打车这类型的应用或者云端订购的服务都属于这类型的服务。

而现在把企业客户的SaaS服务在消费领域的延伸叫作Mass SaaS；这个模式会演变成新模式Buy once，pay routinely——一次购买，定期支付。

以日常出行为例，人们购买汽车通常意味着要花十几万的购买费用、每月数千元的养护费用等，但是每月数千元的养护费用也足够我们打车或其他交通方式的费用支出。那么为什么消费者还是不约而同地选择购买汽车而不是租赁呢？

一个最主要的原因就是信息上的不对称和交易成本过高阻碍了租赁交易的高效实现。因为消费者对于车辆的使用需求很大程度上比较随机，即便是日常上下班代步，由于种种原因也难以做到每天同一时间出门上班或者下班回家。一旦租赁的交易成本超过了购买的交易成本，那么消费者的理性选择第一反应就是买而不是租，在确保了使用需求及时有效得到满足的同时，还可以获取占有、收益等效用。这种消费者偏好造就了汽车市场的传统商业模式，即汽车市场以买为主而非以租为主。

而共享经济的出现与火热主要是对这种传统商业模式的颠覆：即消费者以买为主向租为主的转变，这样就产生了“消费者剩余”。云大物移技术大大降低了汽车租赁市场的信息不对称与交易成本，使得共享平台能够低廉、有效、及时地实现汽车租赁供求匹配。相比于购买而言，共享经济的网络效应，使得租赁的交易成本伴随着参与人数增多而不断下降，这种模式尤其适用于中国这样的发展中国家。

共享经济模式下使得消费者不必再为了满足“使用”的需求而去购买商品，只需支付少量成本租赁即可。共享经济产生了“消费者剩

余”是因为它的“闲置资源、闲置时间”模式，决定了它的生产要素机会成本较低，所要求的回报率也相对较低。

还有一点原因考虑到中国特有的国情：限号限行，这会给汽车的所有权大打折扣，所以，未来中国汽车租赁对汽车购买造成的颠覆影响可能更大。

循环经济和环保意识增强以及新媒体的发展正促使人们更多地进行“共享经济”。“占有”不再是人们最看重的一个价值指标。这不仅改变了原有的大生产、大消费方式，而且对整个社会生态产生不可估量的影响。

27岁的马丁·法尔克刚刚在欧洲最大的拼车网（www.mitfahrgelegenheit.de）上发出告示，招募有意和他拼车的伙伴，一次旅程4欧元。他对本报记者说，他每天都要从柏林南部驱车到北部郊区上班，如果能找到一个车友共度70多公里的旅程，不仅能赚点小钱，还可以交个朋友，何乐而不为呢？

法尔克是德国日益壮大的“共享经济”（又称“合作式消费”）群体的一分子。吕讷堡大学社会学家哈罗德·海因里希3月27日在接受本报记者采访时说，德国12%的人通过互联网进行“合作式消费”，这一比例在14—29岁的年轻人中高达25%。海因里希去年刚刚完成了德国首例“共享经济”调查。他说，人们对拼车、房屋互换、二手交易的热情越来越高，并且风险资本也进入了这一领域，一种全新的商业模式正在形成。

“合作式消费”一词最早出现在1978年的《美国行为科学家》杂志上，学者们对汽车共享进行了研究。2010年，英国学者雷切尔·布

茨曼出版专著《我的就是你的："合作式消费"的兴起》，指出"合作式消费"将给人们的消费模式带来革命性的影响。她认为，在互联网时代，共享首先表现在代码的共享（如Linux）；其次是生活的共享（如脸谱）以及内容的共享（如YouTube）。"现在我们进入了第四个阶段，即现实世界各种离线资产的共享。"美国《时代》杂志当年把"合作式消费"列为未来影响世界的十大理念之一。2007—2010年的国际金融危机对"合作式消费"也起了巨大推动作用。

海因里希指出，"共享"这一概念并不新，人类社会一直在共享和合作的基础上演进。但"共享经济"能成为一个趋势，主要有三个原因：首先是价值观的变化。"占有"不再是人们最看重的一个价值指标，其重要性已让位于环境质量、社会关系等幸福指数；其次是环保意识的增强；最后是新媒体的蓬勃发展，互联网技术大大降低了人们进行共享的成本。

上述拼车网2001年在慕尼黑创办。其首席执行官马库斯·巴尼科尔在接受本报记者采访时表示，拼车最大的优点是利用现有基础设施提高交通效率，降低环境影响。"拼车网经营非常成功，我们的收入来自三部分：一是拼车族收费的提成；二是销售二手火车票或公交车票收入；三是广告收入。"巴尼科尔说，每个月有100万用户使用他们的拼车服务，足迹遍布欧洲40个国家。

"共享经济"的基础是人们把商品和服务的使用权看得比拥有权更重。布茨曼把"共享经济"分成三大类别：一是共享或租借某种产品的信息平台，比如拼车网、房屋交换网；二是二手交易市场，比如美国的克雷格列表；三是共享技能，比如工作间共享。她预测，美国

个人对个人的租借市场规模已达260亿美元，整个“共享经济”的产值达1100亿美元。

经济学家乌迈尔·哈基说，“共享经济”平台将给大生产、大消费的原有消费模式带来冲击。“如果消费者少购买10%的新产品，并且相互共享10%的旧产品，这对传统商业模式的冲击将不言而喻。”海因里希则表示，这种冲击不一定是革命性的，但必定会带来深远影响。

还有一些研究学者认为，“共享经济”带来的冲击不仅局限在经济领域。“共享经济”问题专家尼尔·格兰弗洛说，“共享经济”最大的价值不在于具体分享了什么产品，而是强调合作和参与的理念。在不少地方，“合作”并不需要互联网，但已经创造了巨大的社会和经济效益。比如很多国家流行的参与式预算管理，一个城市或社区的所有居民共同参与城市预算管理，讨论并决定公共开支项目。

拼车会有安全方面的隐忧吗？巴尼科尔说，网站会对拼车族提交的信息进行确认，普通用户也会给自己的拼车经验打分，因此用户并不是盲目地搭乘陌生人的车。

《经济学家》杂志认为，人们刚开始涉足“共享经济”时确实有过安全隐忧，但随着网络购物的普及，这方面的隐患已经大大减少。当前发展“共享经济”最大的障碍是政策不确定性，空白区较多。

海因里希认为，私人拥有这个概念存在了400多年，现代社会的政治经济体系都是建立在这个基础之上的。“合作式消费”要发展，政府的法律法规需要调整，对私有权的概念也需要更新。布茨曼则强调，“合作式消费”在所有权方面的影响不亚于工业革命。

消费者实际购买力的提升，相对的消费需求也会增加，尤其是

服务消费。由于共享存量资源的边际成本低甚至接近于零，共享经济提供的商品和服务的价格也较低。在相同名义收入水平下，商品和服务价格的下降将提高实际收入，带动总购买能力的上升，从而增加需求。

Airbnb主要经营的是闲置房屋，空置成本很低，营收预期不高，因此比较传统酒店的优势就是价格。而Uber以及国内的滴滴、快的等打车软件因为盘活了存量的私家车，降低了打车出行的成本，因此更多消费者选择进行打车消费，挤出部分自助购车需求。

从这个意义上讲，共享经济对一些耐用消费品的需求的影响类似于对资本品的投资，从另一个角度可以讲共享经济提升了消费需求，但这主要是通过提高现有的资本品（耐用消费品）的利用率来满足的。

由此可以总结共享经济模式下社会资源配置首先要提高现有资源存量的使用率；其次要提升未来新增产能利用率；最后要提升自然资源的使用效率。

如今造访硅谷，就犹如坐上火箭快速穿越到未来。人们慷慨激昂地谈论着新一轮技术革新浪潮，虚拟现实、无人驾驶汽车、3D打印、机器人、个人化医疗的快速发展，人工智能在大数据上的应用，还有经济中几乎每一个角度所遭到的深刻颠覆。

这是一种令人兴奋、迷惘，有时又十分可怕的体验。

而假如你在硅谷时打开电视，想看看美国总统大选进行得怎么样了，你就会砰的一声跌回地球。电视上谈论的都是收入不平等、垮掉的中产阶级、禁止穆斯林入境以及建造隔离墙以阻止移民涌入美国。

目光长远的西海岸企业家的乐观与保守的东海岸政客的悲观形成鲜明对比。两个海岸之间的这种分歧在美国尤其明显，但从隐喻意义上说，它也在其他许多国家存在。简单来说，这是我们自身内部作为消费者与作为公民这两层身份之间的斗争。

加州的技术乐观派认为，我们身上作为消费者的这一部分将迎来进一步繁荣，很大程度上借助于我们口袋里具有超级计算机功能的智能手机。他们希望消除几乎所有消费者交易中剩余的低效问题，与优步（Uber）革命性的出租车服务交易和Airbnb挑战酒店业的方式如出一辙，并在该过程中带来新的经济机遇。一位风险资本家惊叹道："你可以在一个小时内成为一名司机。你可以在一天内成为一个酒店业主。"

通过在世界偏远之地发射气球、无人飞行器和卫星，谷歌（Google）和Facebook也在计划让地球上所有人都能接入互联网，从而有可能为产品、服务和想法创造一个全球性的数字市场。一位科技业高管表示："我们可能很快向世界所有人提供人类的全部知识，这是相当大的进步。"更为兴奋的评论员们则预测一个思想纷呈的时代，一个"第二次文艺复兴"、全球文明昌盛的时代即将来临。

但是当硅谷人停下来歇口气的时候，就连他们也担心这种技术革命带来的一些后果：对众多传统工作职位的影响、对就业权利的侵蚀以及技术发展成果的不公平分配。

一个长期关注科技行业的观察人士表示，硅谷的创造性破坏将让美欧许多无法适应的"一次性公民"（throw away citizen）面对一个残酷世界。他说："唐纳德·特朗普（Donald Trump）明白'一次性公

民'潜在的深层次担忧。"

硅谷可能有着自由主义天堂的形象，但令人意外的是，一些人非常赞成利用来自科技业利润的"数字红利"来加强社会保障（比如"公民的"或"基本的"收入）。

富裕社会的愤怒选民们显然觉得，关于全球化的成果，30年来政客们一直在欺骗他们。尽管作为消费者受益匪浅，但许多选民作为劳动者却遭受了损失，因为很多就业机会转移到国外，而且收入也停滞了。技术革命只是加剧了这种动荡，有可能造成我们一生中的第二次大破坏。

麦肯锡全球研究所（McKinsey Global Institute）联合主管詹姆斯·马尼卡（James Manyika）表示，实际情况要微妙得多。他说，每个人都至少有消费者、劳动者、公民、投资者和道德主体这5层身份。他表示："所有这些身份过去基本上是保持一致的，但如今这些技术变化带来了截然不同的答案。"

如果技术可能带来的前景因为"新卢德派分子"的反弹而被殃及，那将是一场悲剧。我们需要各国政府理解这些令人目眩的变化，并设计聪明的监管法规，鼓励而非打压创新。我们还需要科技公司承认它们造成的破坏，付出更大努力让我们生活的方方面面受益。

共享经济改变人们的社交模式

共享经济不仅是一个新的商业模式，它还在重构和改变我们的生活和社交方式。

几十年来，经发型师一番精心打理后，女士们总能神清气爽，我指的不是理发。最好的美容师——包括那些男性美容师——总能在照顾你的发型时客串一下知心大姐。

由此我认为，共享经济早晚会挺进情感分享市场，并提供一些心理治疗服务。倘若美甲师和蜜蜡脱毛师能充当心理治疗师，优步（Uber）司机为何不可？他们的客户都像坐禁闭似的，眼巴巴地等着足疗结束或车行驶到目的地，除了百无聊赖地翻邮件外别无他选。对我们很多人来说，每天在通勤的路上顺便做次心理调节，是再好不过的一举多得。

王恩蔚（Sunny Wang）是上海的一名社工，她不但在工作时间帮人们排忧解难，还把自己那辆低调的别克凯越（Buick Excelle）的后座，变成了一个移动治疗区。

王恩蔚今年32岁，已有一个3岁的孩子，她说自己每天有一两个小时当优步司机——除了贴补些家用，还能跟乘客聊聊天放松一下。

她承认，揣摩乘客的心理对她来说有种持久的吸引力。他们有的正冲手机那头的男友发飙，有的刚跟老板大干一架、沮丧地窝在后座上。她在日常工作中显然遇不到太多这样的场面。

她对英国《金融时报》表示，当他们用优步叫了你的车，“你能迅速走进另一个人的世界”。

王恩蔚身着深蓝色牛津纺衬衫，外搭端庄的浅灰蓝开衫，她回忆起一位她从上海浦东国际机场接到的乘客。一路上，她都不得不听着这位客人在后座哭哭啼啼、哀怨无比地和情人讲电话——整整90分钟。

王恩蔚说：“我能看出跟她通话的不是她老公。”她猜测：“没准儿她在和一个有妇之夫纠缠。”她说，后来她给了那位乘客几句有用的人生忠告——含在车费里附送的。“我告诉她，人活着，就没有过不去的坎儿。”

还有个小伙子请她“专业指导”该如何处理与女老板的冲突。“但是由于车程过短，我只来得及弄明白他老板一直找他碴儿，还有他正琢磨要不要辞职。”她说。这个年轻人后来成了王恩蔚日常工作中咨询服务的顾客。

目前优步已将车费报销弄得极为简便：如果这个年轻人把移动疗程账单直接发给他讨厌的雇主，虽然讽刺却再恰当不过。

王恩蔚做这些不只出于对心理治疗的狂热：她还利用业余时间写作，而哭泣的乘客们为她的虚构故事提供了一些绝佳素材。

“这就像博彩——你永远不知道谁会上你的车，你想知道他们是谁，有什么生活经历。”她说。

她补充道，优步聊天还能减轻互联网社会中的孤独感。“线下沟通越来越少。很多人跟同事都无话可说——他们把所有时间都花在微信（WeChat）和Facebook上，但那并不能取代人际交往。”

王恩蔚还说，她甚至曾让一位乘客在交通高峰期代她驾车——上海是中国最拥堵的几大城市之一——因为她累得实在开不动了。最后该乘客还从自己带回家给爱人当晚饭的外卖中分给她一块鸡肉，因为她说食物的香气使她饥肠辘辘。

那么，作为优步司机她面临的最大问题是什么？答案是女厕所总是很难找。“我担心再当一段时间司机肾会有毛病。”她坦言。

但就眼下而言，她热爱这一切散发出的浓浓人情味。无人驾驶汽车和社交机器人，请靠边站。哈尔（Hal）和佩珀（Pepper）这类机器人根本无法与王恩蔚相比。作为知心大姐，它们连王恩蔚的一半都不如。

共享经济下人们可以将闲置的时间利用闲置的资源赚点闲钱，可以解放我们早出晚归的在路上在公司的时间与空间的局限，可以让从业者比较自由地进入或者退出社会生产过程，因个人对社会的依赖而导致的强制劳动和被迫劳动问题也随之缓解。

共享经济增加了普通大众的发言权，增强了劳动者对个人生活的掌控度与自由度，更符合现代经济快速发展但却能提高人幸福感这一本质目的，有利于促进经济和谐发展。

共享经济有利于推动制度改革，释放经济自由发展的活力。作为一种强制性力量，即便是不合理的制度也难以及时转变或撤销，将会严重抑制经济活力。

以互联网为例，无疑互联网改变了世界，它让我们从消费者变成了供应者，供应的商品范围涉及各个行业，只有你想不到的，没有它做不到的。这一转变改变了我们的生活方式也改变了我们的社交方式。

世界上最大的WiFi服务公司Fon的创始人Martin Varsavsky坚信，他可以通过鼓励人们共享网络而向全世界提供免费的WiFi。因此他与其他几个企业家创立了Fon公司。现在Fon已经成为全世界最大的WiFi公司。该公司勾画出雄心勃勃的蓝图愿景，欲通过鼓励人们向他人免费开放WiFi，人人共享WiFi，而最终在全球范围内实现无线网路资源共享。

除了共享WiFi、共享出行、共享房屋之外，还有许多领域可以共享。比如价值加高的花园设备、DIY工具等等。这些东西许多人会购买，但是使用时间很短，因此完全可以拿出来共享。社交平台为共享经济的发展中做出重大贡献，因为只要有人在社交网里表示“我要某某东西”，顷刻间就有人回应。大部分经营共享经济业务的网站几乎都是通过与Facebook、Twitter和Google+等社交平台对接来实现经营的。

共享经济改变商业逻辑

我认为现在绝大多数做共享经济，特别是做人与人的共享经济的公司，它有些共性。第一个共性就是，大家都是首先看到这个商业模式。第一是因为共享经济这件事情进来了。第二个是在共享经济这里面，他发现人的共享经济是特别容易进入的，门槛相对低，而且市场看起来还挺大的，因为中国人也挺多。身边有些朋友拉着拉着就可以开始做了。那这样的公司从去年到今年，从几年之前到现在一直有在死，成立了，融到一点钱，A轮不到可能就死了，这样的公司其实还挺多的。

我认为看到事物（公司）的角度，是有三个不同的角度，看待任何一个公司或者生意，其实都可以用三个角度去看：

第一个角度就是从商业模式的角度去看。这个商业模式是不是一个好的商业模式。

第二个角度是从技术更迭，就是说是不是有新的技术能够支撑这种新的交易的形态，或者新的生意的形态能够产生，为什么以前没产生，为什么现在能产生。

第三个角度叫作文化更迭，或者实际的消费者诉求。就是你回归

到常识，回归到去观察一个消费者的心里是怎么想的，他的需求点在哪里，他日常生活是怎么样去理解这个事情的。

从这三个角度去看，那你会发现很有趣的现象是，共享经济的商业模式特别厉害，听起来特别特别fancy而且市场很大，特别是去年的时候，也有很多投资机构都是号称要all-in共享经济的，那意味着投资人很多，投资人很多那创业者自然就信心百倍了，胆就壮了。但是大多数的人只是从商业模式的角度看这个问题。

但是你会发现共享经济这个事情虽然讲的很多，但是对消费者而言，始终是说你利用共享经济这件事情，你解放了供给端之后，到底对消费者有什么样的价值。这件事情其实很重要，而且是很本质的一件事情。那这件事情其实绝大多数做人的共享经济的平台都没有解决。这点对我们来讲也是，我们逐渐逐渐意识到这点其实非常重要，就是我们对消费者讲（有什么价值），而且这个价值还分很多种。

比方说我举个最简单的例子，你的平台上都是牛人，那你自然而然对消费者是有价值的。但是这种价值可能是不可持续的。比方说消费者对牛人这个人群（的预期），其实他有很多的光环效应，他有很多的期许。但是当他去消费牛人这件事情的时候，你会发现会落入一个典型的困境，实际获得的永远比期望的要低，这是个死穴，死循环。当他消费了两三次之后，他会发现是不可持续的，他感觉到第一，约牛人不容易。

牛人很多时候不理他啊，等很久啊。第二，好不容易约到一个牛人，这个牛人并没有让他，他期望见到这个牛人就会有天翻地覆的变化，但是并没有产生翻天覆地的变化。第三个就是牛人一般都没有服

务精神的，牛人并不是为了使你能够改变自己或者使你转变而去跟你聊天的。牛人更多的是直接给你经验，从他的角度去出发。

所以这就产生了一个非常严重的问题，就是这个行业从消费者的角度，它的价值是不可持续的，尽管一开始获取用户、拉新会很容易，但你会发现留存可能会很差。这是从牛人开始的逻辑。这是市场上一派共享经济生意体的逻辑。

那第二派的共享经济生意体，它其实是以人人服务人人，草根服务草根的这个逻辑在兴起，其实很像淘宝早期的时候。你会发现它的最大的问题，就是如果这个市场上没有淘宝，那我认为这样的公司野蛮成长，最终搞不好也有一番大天地。但是这个市场上任何一个已经既定的成熟的逻辑下的再延伸，你会发现都很难成就一个真正杰出的公司，就是颠覆原来的商业模式往往都不是，把这个东西进行改良就是颠覆了。

所以说真正商业模型的重构其实是，确实是要完全想的不一样的，所以现在人人服务人人这套体系的商业逻辑，更多的是淘宝系的逻辑，它的核心逻辑特别简单，就是不断增加SKU，做到无比的大，无所不包。在这样的情况下如何满足消费者的诉求呢？那特别简单，有一个逻辑，就是淘宝已经有的，一些边缘的服务的类目，淘宝不主打的一些类目，特别是跟服务有关的，非标的、长尾的、低客单价的，那咱们把它撤出来。

比方说像手制小零食，手制小零食这个事情本身淘宝不是特别看重的，在淘宝上本身体量就不高。这种行业我们把它切出来，有什么好处呢？第一，供给和需求都是现成的。本身淘宝上有很多供给，我

只需要一个一个去淘宝上拉下来就好了。第二个，需求也是现成的。因为淘宝上本身有交易，有些人还交易得挺不错的，那就不错了，直接把它拉进来之后你会发现，供需产生了一个碰撞瞬间量就上来了。

可能下载量啊，包括用一些市场手法可能瞬间量就上来了。但是这里面可能忽视了一个最本质的逻辑，就是说你真的要走出来，那真的要走到一个很大的平台，你的本质上的商业逻辑必须重构，你看问题的角度必须完全不一样。我认为一个真正强健的公司，不是说把量做起来了，稍微转一下型他就能够变强健的。

一个好的公司像洋葱，一层一层剥出来是有坚实的逻辑做支撑的。包括这个公司的每一个人，他都能够特别清晰地知道公司现在做这个事情，第一步、第二步、第三步它的底层逻辑是什么。差的公司像灯泡，什么火做什么，什么概念来了做什么，一不小心把这个灯泡打碎了。如果这个灯泡可以一路不碎，那还挺好，也许它就可以登堂入室。

但是问题是市场竞争这么激烈，灯泡和灯泡之间就要碰撞，灯泡碰来碰去搞不好就碎了。灯泡碎了之后你会发现，除了外面那层概念，里面就是一层迫切地想要火，迫切地想要做大，用欲望驱使的炙热的灯丝。创业者用欲望驱使的炙热的灯丝，除了这个灯丝之外就没有东西了，遇到空气他们就要氧化。

分享经济的特征是大众参与，资源高效配置，用户体验更好。这种“不求拥有，但求所用”的新经济模式既符合供给侧结构性改革的要求，又满足了消费者的潜在需求，是中国经济发展的一股新动能。

共享经济颠覆商业模式

近几年我国经济增长持续下行，在传统增长模式难以为继的情况下，需要培育新的增长点，共享经济是值得关注的领域。

在共享经济模式下，人们租或者借一种商品和技能，而不是通过购买所有权来享受其提供的服务，闲置资源的使用率得以提高。

共享经济如何改变我们的生活，对传统的商业模式有怎样的颠覆性影响？其发展潜力有多大？对宏观经济产生什么样的影响？

共享经济是技术进步的结果。共享经济产权层面的特点是所有者暂时让渡使用权以获取收入的租赁经济，但是这种经济模式在互联网时代以前没有形成气候。

云计算、大数据、物联网、移动互联网（云大物移）大大降低了租赁交易的信息成本，减少了信息不对称，使原本不可能达成的租赁交易成为可能。我们判断，未来几年共享经济仍将快速发展。

共享经济颠覆性地影响传统商业模式。就生产者而言，市场交易成本的降低导致传统企业边界收缩，带来个体经济的强势回归。

对于消费者而言，交易成本的下降引发以买为主向以租为主的转变，增加了消费者的福利。通过“自由人”的联合，共享经济给了供

求双方更自由的选择，也自下而上推动着制度变革，提升了经济运行的效率。

共享经济也面临一些“成长的烦恼”。共享经济作为“破坏式创新”，快速增长的同时也暴露了一些问题，例如在税收和监管方面对传统经济构成不公平竞争、对劳动者缺乏“安全网”保障、对消费者利益保障机制不健全以及大数据壁垒可能导致新的行业垄断等。这些负面影响并非共享经济的固有弊端，可以在成长中逐步得到解决。

宏观层面，共享经济的首要和直接影响是提高总供给，总需求相对总供给不足，带来物价下行压力，同时储蓄过剩意味着均衡利率水平下降。

共享经济提高了闲置资源的利用率，抑制了新增资本的投入，是一个新增的抑制大宗商品价格的长期因素。共享经济可能是全球主要经济体近年来需求不足，通胀下行甚至有通缩压力的原因之一，尽管其重要性比金融周期、劳动人口减少和贫富分化等因素的影响小。

共享经济影响我们对宏观经济形势的分析和把握。现在的国民经济统计体系对共享经济还没有有效的统计和估算。GDP增长率可能低估了实际的经济活动的增长，但CPI所受的影响相对较小。

共享经济带来的低GDP增长和低CPI通胀的组合，和金融周期下半场（资产泡沫破裂）导致的低增长、低通胀，对宏观政策的含义是不一样的。

共享经济的快速发展要求国民经济统计体系与时俱进，准确衡量共享经济的规模和影响对“十三五”期间的宏观政策的平衡很重要。

共享经济会从哪些方面影响传统的商业模式，在哪些行业最容易

发展？从新制度经济学的角度看，作为共享经济基础的互联网技术，大大减少了微观主体间的信息不对称，进而大幅降低了由信息不对称造成的搜寻、谈判、监督等方面的交易成本。

伴随着交易成本的降低，在各自收益最大化的目标激励下，劳动者、企业家、消费者等微观主体自发博弈互动，打破原有的商业模式、重构相互关系，最终形成符合新的、低交易成本要求的新商业模式，也即完成对原有商业模式的颠覆或者说是“破坏式创新”。

从供应方来看，个体经济借助互联网强势回归，从消费方来看，则从以买为主变为以租为主。这将提高资源利用效率，有利于经济增长。

供应方：个体经济强势回归

我们知道，传统企业的形成跟交易成本紧密相关。在新制度经济学鼻祖科斯看来，市场和企业是两种可以相互替代的资源配置手段，“企业最显著的特征就是对价格机制的替代”。

两者的区别在于，在市场上，资源配置由价格机制自动调节；在企业里，资源配置由权威的组织来完成。但无论用市场机制还是企业组织来协调生产，都有成本。

企业之所以会出现，是因为有些交易在企业内部进行比通过市场进行所花费的成本要低，但是企业内部交易成本也随规模扩大而增长，而且企业越大，管理成本可能越大。

当在企业内组织交易的成本增加到等于市场组织交易的成本时，企业与市场的界线也就划定，即企业的边界所在。

而共享经济的一个颠覆性影响，体现在互联网的普及降低了信息

不对称、减少了交易成本，从而导致传统企业边界收缩。互联网提升了信号传递和信息甄别的效率，提高了匹配需求与供给的效率。

同时，大数据有助于完善信用记录，增强市场自身的信用约束。而社交网络的快速扩展可以实现规模效应。在市场交易成本降低、企业成本不变的情况下，按照科斯的理论，传统的企业边界存在被市场挤压的倾向。

随着传统企业边界收缩，“劳动者——企业——消费者”的传统商业模式逐渐被“劳动者——共享平台——消费者”的共享模式所取代，完成了共享经济对传统商业模式的破坏式创新。

一个具体表现是个体经济借助于互联网技术强势“回归”。以出租车市场为例，在出租车公司尚未形成、私家车开始普及的阶段，居民对出租车服务的需求只能通过非正规的出租车个体户来满足。

然而，信息不对称带来的高昂交易成本使得这种由出租车个体户构成的市场一直难以扩大。出租车公司的出现带来了标准化、正规化的服务，降低了交易成本，激活了市场的需求，出租车公司取代出租车个体户占据市场主流地位。

然而，滴滴、Uber等共享平台填平了阻碍原始个体经济发展的“信息鸿沟”，信息成本下降、信息不对称减少使得市场型交易成本开始低于企业型交易成本，最终的结果就是，相比于传统出租车公司的出租车服务而言，机会成本具有天然优势的专车、顺风车等出租车个体户能够实现对消费者需求的更高效响应、更优质服务，最终促进出租车个体户强势回归出租车市场。

简而言之，在共享经济的颠覆性作用下，个体经济借助于云大物移技术强势回归。

相应地，共享经济的颠覆性更多地体现在那些在技术条件上能够以个体户的形式存在，但由于交易成本过高，不得不以企业的方式提供产出的产业中。

共享经济之所以能够颠覆传统企业模式，是因为这些企业的资本分割性较强，存在单个劳动者用一小部分、甚至无须资本就可以单独提供产出的可能性，也就是具备“个体经济”的技术可能性。

例如，有一辆车就可以成为Uber或者滴滴司机，有一栋房子就可以成为Airbnb或者小猪房东，甚至没有什么实物资本也一样可以成为共享平台上的兼职厨师或者理发师，只要你的手艺过关。

在目前的状态下，难以想象在炼钢这种资本分割性较差或者说不可分割的产业，一个劳动者单独用某个熔炉就可以为消费者提供钢铁产出。

由于第二产业中企业的资本通常存在技术的不可分割性，而服务业或者说第三产业的资本可分割性较强，因此，共享经济的颠覆性影响更多地体现在服务业。

即便是在资本分割性较强的服务业内部，共享经济对不同企业模式的颠覆程度也不尽相同。这部分取决于现存的企业模式是如何形成的，是政府在判断市场交易费用和企业内部交易费用孰高孰低之后形成的，还是市场在比较这两类交易费用后形成的?

如果是前者，这意味着企业模式刚性较强，难以及时顺应新形势的变化，难以及时消化吸收相关冲击。而通过后者形成的企业模式灵活性很强，能够及时消化吸收共享经济造成的冲击，扬弃旧模式，演

化成适应共享经济的新模式。

比方说，特许经营制度形成的出租车公司，实际上长期依靠行政垄断生存，制度刚性强、市场意识差，面对滴滴、Uber等共享经济的冲击，并没有及时做运营形态的调整以适应新的挑战，导致出租车公司和司机与滴滴、Uber等平台和司机之间的矛盾愈演愈烈，甚至演变为直接冲突。

而一个正面的例子来自于网络电商与实体卖场之间从冲突到合作。与共享经济一样，网络电商也是互联网时代出现的新生事物，一度是以实体卖场革命者的姿态出现，但是实体卖场作为市场自发形成的企业组织，灵活性强，能够及时响应新形势的挑战，迅速在互联网时代找到了充足的线下渠道这一比较优势，从而使得网络电商非但没有革实体卖场的命。

而是如马云所讲形成了“互联网公司的机会未来30年一定在线下，而传统企业的希望一定是在线上”的共识，并出现了京东与永辉、阿里与苏宁各自联手打造成“O2O”的新业态。中信证券研究部行业分析师近期发布了系列报告，对共享经济模式在中国的发展提供了全方位的分析和展望。

需求方：从以买为主到以租为主

从消费者的角度看，“使用”通常是他们购买商品的主要目的。对于汽车等耐用消费品而言，如果仅仅是为了使用，显然不一定非要拥有所有权。所有权所涵盖的权利要大于使用权，因此通常而言，为“购买所有权”（下称“购买”）所要付出的成本通常要大于为“购买使用权”（下称“租赁”）所付出的成本。

以日常代步为例，购买汽车通常意味着要花十几万的购买费用、每月数千元的养护费用等，但是通常每月几千元的养护费就已经足够每个月的打车支出。

既然如此，为什么消费者依然普遍选择购买而不是租赁呢？一个原因就在于信息不对称和交易成本过高阻碍了租赁交易的高效实现。消费者对车辆的使用需求通常具有随机性，即便是日常上下班代步，由于种种原因也难以做到每天同一时间出门上班或者下班回家。

在互联网时代以前，由于存在难以逾越的信息鸿沟，交易成本高昂，打车这种租赁模式难以做到及时匹配消费者的随机需求。

一旦租赁的交易成本超过了购买的交易成本，那么消费者的理性选择即是买而不是租，在确保了使用需求及时有效得到满足的同时，还可以获取占有、收益等效用。这种消费者偏好造就了汽车市场的传统商业模式，即汽车市场以买为主而非以租为主。

共享经济正在对这种以买为主的传统商业模式造成颠覆性影响，以买为主正在向以租为主转变，同时产生了“消费者剩余”。云大物移技术大大降低了汽车租赁市场的信息不对称与交易成本，使得共享平台能够低廉、有效、及时地实现汽车租赁供求匹配。相比于购买而言，共享经济的网络效应，使得租赁的交易成本伴随着参与人数增多而不断下降，在中国这样大的国家尤其如此。

共享经济使得消费者不必再为了满足“使用”的需求而去购买商品，只需支付少量成本租赁即可。共享经济产生了“消费者剩余”是因为它的“闲置资源、闲置时间”模式，决定了它的生产要素机会成本较低，所要求的回报率也相对较低。

这种情况下，消费者支付的费用要比传统模式中支付的费用低，也就是说消费者实际支付的要小于他原本愿意支付的费用，在消费者愿意支付的最高价格不变的情况下，这两者之差就形成了“消费者剩余”。

消费者偏好的转变正在改变制造商的观念。比如，汽车生产商正在从单纯的销售汽车向出租汽车拓展。

例如，作为传统的汽车制造商，德国戴姆勒（奔驰）集团已于2009年开始探索汽车租赁的共享经济模式，并成立了全资子公司戴姆勒智能交通服务集团，作为奔驰smart车型的汽车共享平台，这一平台目前已经形成为全球最大汽车共享品牌car2go。

根据里夫金的研究，“汽车共享的成本只是私家车成本的20%，却可以使总体福利水平最大化。尽管这样一来汽车的产量和销量有可能减少80%，但依然非常值得推广”，而汽车制造商“之所以对从私家车向协同共享汽车的转变抱以如此大的热情和支持，是因为他们知道这样的服务会使行驶在公路上的汽车数量急剧减少”。

除此之外，考虑到中国大城市限号限行等造成的汽车所有权“打折”，未来中国汽车租赁对汽车购买造成的颠覆影响可能更大。

“自由人”的联合：共享经济意义深远

除了对传统企业模式造成“破坏式创新”之外，共享经济对社会还有多方面的影响，以致大家对共享经济还褒贬不一。那么，共享经济对社会的正面影响主要表现在哪些方面？

共享经济在高度机械化、纪律化、标准化的社会化大生产之外，给了供求双方更自由选择、更自由供给、更个性定制的可能性，从而

在一定程度上使得共享经济具有了“自由人”的联合意味。

共享经济这种“自由人”的联合形式，有助于供求双方跨越信用缺失障碍，更自由地达成交易；共享经济使得个人更自由地进入或退出社会生产，有助于缓解人的“异化”问题；有助于推动不合理制度的优化，推动经济更自由的发展。

共享经济有利于解决信用缺失问题，提升经济运行效率。共享经济是高度依赖信用的经济模式，没有信用，难以想象一个消费者会放心地去乘坐陌生人的车或者住到陌生人的家里。

从博弈的角度来看，一次性博弈难以淘汰信用缺失的玩家，只有无限重复博弈才能暴露每个参与者的信用度，进而激励整体信用水平的提升。在云大物移的互联网时代到来之前，这种理想的重复博弈方式难以实现，而云大物移技术使得每一个普通消费者（供给者）可以便捷低廉地观察到潜在供给者（需求者）的信用度，从而做出理性的抉择。

云大物移技术使得每一个作为互联网节点的个人时刻处于无限重复博弈的交易环境下，珍惜并提高自己的信用度成为理性抉择，最终导致一次博弈下互相不诚信的“囚徒困境”被打破。

共享经济这种“提高诚信、有利自己”的正向激励特点，将会通过在个体之间重建、新建信用关系，逐步在全社会形成信用意识，不断提升整个社会的诚信水平，平滑因信用缺失造成的经济摩擦，最终促进市场经济运行效率的提升。

共享经济可缓解人的“异化”问题，促进经济和谐发展。社会化大生产在极大地促进了生产力发展的同时，也造成了人的异化问题。流水线上高度紧张、机械的作业方式，让人“异化”为工具，引发了

"富士康跳楼"等社会问题。

"只要分工还不是出于自愿，而是自然形成的，那么人本身的活动对人来说就成为一种异己的、同他对立的力量，这种力量压迫着人，而不是人驾驭着这种力量。"

相比于正规就业而言，共享经济在闲置时间使用闲置资源赚些"闲钱"的特点，让从业者比较自由地进入或退出社会生产过程，因个人对社会的依赖而导致的强制劳动和被迫劳动问题也随之缓解。

共享经济增加了普通人的发言权，增强了劳动者对个人生活的掌控度与自由度，更符合经济发展提高人的幸福感这一本质目的，有利于促进经济和谐发展。

共享经济有利于推动制度改革，释放经济自由发展的活力。作为一种强制性力量，即便是不合理的制度也难以及时转变或撤销，将会严重抑制经济活力。以出租车行业为例，出于确保服务质量、缓解交通拥堵的考虑，出租车实行特许经营制度，但是巨大的寻租空间导致了一线司机与出租车公司之间的矛盾。

抗议高额份子钱的罢工事件时有发生，并衍生了规模庞大、混乱经营的黑车市场。由于制度高度固化，即便有这些严重的问题，特许经营制度却难以看到改变的趋势。

以滴滴打车、嘀嗒拼车、Uber为代表的共享经济正在迅速改变这种局面，混乱经营的黑车市场在互联网的重组下开始自发地规范化发展，云大数据在疏解交通拥堵、提高服务质量方面展现了"科学技术是第一生产力"的巨大能量，对出租车特许经营制度正在构成最沉重的打击，有可能促进这一制度的优化，释放出租车行业的巨大活力。

第六章

共享经济模式的剖析

共享经济的模式通过最大化个人力量，使得企业和政府发挥出筹集大量资本、进行巨额投资的特长，再将这一生产过程标准化，通过一个平台合作，让比较大的机构能够释放个人的潜能。尽管Airbnb和Zipcar都是共享实体商品的平台，这样的形式也可以应用到昂贵、有风险的基础建设上，比如电台、开放数据等等。这样的话，既能使个体表达他们创新性的想法，又能够聚集群体的智慧，整体提高个人和社会的利益。

共享交通出行模式

交通出行时共享经济目前在全球范围影响最广、争议最多的一个领域，主要有共享租车、共享驾乘、共享自行车、共享停车位四种类型。

交通出行的共享基于巨大存量市场，把社会上大量闲置的车资源、司机资源、停车位资源等给盘活了，在改变人们出行方式的同时，指数级提升了交通闲置资源的利用率。

在“互联网+分享”的影响下，智慧出行时代向我们走来。

滴滴跨城顺风车是一家C2C拼车平台，用户可通过互联网预约拼车出行。滴滴提供的数据显示，2016年春运期间，滴滴跨城顺风车一共运送了190万名乘客，相当于两千多列动车组的运量，或者中等航空公司的规模。

清华大学信息网络工程研究中心主任吴建平认为，今天这个时代，人们出行越来越强调个性化，越来越强调满足个人需求。将来人们可通过手机获取更多信息，城市管理者通过大数据分析可以了解每个人的需求，从而创造一个交通体系，更好地满足人们的个性化出行需求。

智慧出行只是“互联网+分享”经济的一部分，国家信息中心发布的《中国分享经济发展报告（2016）》指出，2015年中国分享经济市场规模约为19560亿元，分享经济提供服务者约5000万。预计未来五年分享经济年均增长速度在40%左右，到2020年分享经济规模占GDP比重将达到10%以上。

交通领域的共享包括汽车、飞机和船只等，目前仍以汽车为主。交通本就是一个公共领域，一个已践行共享的领域，公共交通中的共享空间，私家车/私人飞机的共享道路与航路。由于出行的集中性，共享的重要性就更为凸显。

私家车的利用率较低，购置和养护成本高，大城市停车的时间成本和花费也较高。同时，车辆天生适合共乘和租借。其一，汽车的空置率很高，在车主不使用时可以将车辆出租而不影响车主的效用。其二，目前市面上最小的乘用车也可以在司机之外搭乘一人。其三，汽车搭乘和租赁也是比较标准化的、无差异的服务，易于交易。其四，要实现租赁或共乘的信息传递问题已由智能手机和移动互联网（地图、定位、实时通讯等）解决。其五，共乘的信任问题远没有其他领域对共享的影响大，由于涉及的时间较短，且多数共享行为发生在公共场合，在社会治安较好的城市，一次简单的搭乘不需要太多了解双方的背景。种种这些，催生了交通领域的共享经济，让人们不用开车或买车而能够享受用车的便利。

在陆上交通的共享中，有私家车搭乘、私家车拼车和私家车租车等几类。在私家车搭乘方面，国外有庞大的Uber，以及更有人情味的Lyft、自愿支付车费的SideCar、面向儿童和老人出行的Shuddle等；国

内有强调个性化的易到用车，强调标准化的滴滴专车、一号专车（快的）等。私家车搭乘和拼车模式面向相同的出行需求，其共同的竞争对手包括分散的众多传统出租车公司、个体户及黑车，出租车打车软件Flywheel、Hailo、滴滴、快的等，分散的传统商务用车公司和互联网化的商务用车公司如AA租车、神州专车等。

拼车主要是车主或乘客寻找同一路线的对方，但拼车和搭乘的界限比较模糊，在许多地方更多地是为了绕过监管要求。Uber们的所谓“私家车搭乘”本质上是非出租车的打车。在国内，无论是“专车”还是“拼车”多数是打着“商务租车”和“拼车”名号的私家车载客运营。由于交通领域的问题，十八大以来，整体上以改革为导向的政府目前对此的态度不一且暧昧，一方面不希望触碰既得利益，不想突破私家车载客运营的限制、出租车牌照管制和租车公司准入限制；另一方面又希望借助互联网手段缓解甚至能够解决交通拥堵问题。关于“专车”，政府给出了比较明确的合法化路径：租车公司提供车辆，劳务派遣公司提供司机。

私家车搭乘模式的积极作用主要体现在两点：扩大供给和优化匹配。一方面，调动了庞大的闲置私家车和司机资源，间接绕过了出租车牌照管制，极大扩展了市场供给；同时，其基于互联网平台的中心调度和数据挖掘，改进了乘客和车辆的匹配。

其面临的问题包括监管、既得利益反对（出租车公司和出租车司机）、安全等。

私家车搭乘是最早出现的共享经济模式之一，已经发展了一段时间，在较成熟的市场如美国洛杉矶已对当地交通、出租车行业带来很

大影响。目前，以Uber为代表的车辆共乘平台一方面在积极开拓新的市场，进入更多的国家和城市；一方面在既有市场上通过补贴、降价等措施扩大平台上的车辆与用户，与传统的出租车、商务租车及同一商业模式的互联网用车平台争夺市场；同时不断推出新的产品，并进一步优化后台算法，提供更有竞争力的产品；此外，还在与各地的监管做斗争。

以保有量庞大的私家车来衡量，拼车市场的潜力似乎很大。以北京为例，全市有约500万辆私家车，而出租车只有不到10万辆，即使加上以“商务租车”和“拼车”名义运营的私家车，数量也无法与私家车相比。从这些私家车出行中有可能挖掘出旺盛的拼车需求，而且政府也对私家车拼车持鼓励态度。

早在各类拼车软件出现之前，就有许多人在大型社区网站召集拼车，有拼车需求的人们还自发建起各种拼车QQ群。此后，以AA拼车、顺风车等为代表的PC端拼车网站兴起。如今，拼车领域已有几十家创业公司，市场竞争日渐白热化，不过还没有规模领先的公司在竞争中脱颖而出。

拼车市场包括上下班通勤拼车、长途拼车等细分市场；有一对多拼车和一对一拼车两种形态；以及私家车（小车）拼车和大巴拼车两个类型。其中，大巴拼车通常与巴士租赁公司合作，除了针对C端通勤需求之外，也面向B端已开通企业班车的公司，将其班车运营社会化，以提高载客率、降低成本。

尽管有较大潜力，但拼车市场一直不温不火，即使在移动互联网来临、其他“互联网出行方式”爆发后，拼车市场也没有迎来突破性增长。其原因是多方面的。

首先，克服了疑似非法营运的困难后，拼车市场仍面临着安全、定价等问题。安全问题的解决与其他共享经济的方式类似，包括实名认证、双方互评、平台担保/保险等。而对于定价问题，从乘客的角度，拼车与打车的目的类似，费用要比打车便宜才会选择稍微复杂些的拼车服务。对于车主，需要在打车价格这一上限与增加的成本（额外的油费）这一下限之间寻找一个平衡点，以覆盖拼车的匹配、沟通、议价及风险等成本。

其次，由于拼车的匹配较搭乘模式困难，对于非固定路线拼车，匹配的效率不够高，尤其在平台上的用户较少时；对于固定路线的拼车，一旦双方匹配则容易绕过平台。此外，由于其他出行模式的补贴，无论是打车，还是私家车搭乘，费用都已有了较大幅度的下降，这也制约了拼车市场的发展。

未来，拼车服务的发展前景也并不特别光明，其命运多少取决于Uber们所能取得的市场地位。

如果私家车搭乘及打车服务随时可获取，且价格较低，私家车的使用将大幅减少，而以私家车出行为基础的拼车也将受到影响。特别是在易获取、低价格的打车服务之下仍坚持开私家车的人通常是对价格不敏感的人，这些人的拼车意愿同样也不高。

私家车租车又称为P2P租车、C2C租车，平台本身并不拥有车辆，而是扮演拥有闲置汽车的私家车主与租车人之间的中介。国外有RelayRides、Getaround和FlightCar等；国内有宝驾租车、友友租车等一批创业公司。他们的竞争对手主要是传统的B2C专业租车公司如

Hertz、Avis、神州租车、一嗨租车、瑞卡租车等，以及汽车制造商新设立的租车公司。竞争主要体现在价格、交接车便利性，以及车型多样性等方面。其中，交接车便利性很大程度上取决于租车平台的规模，规模越大，供方和需方越多，交接越无缝。

不过，C2C租车和B2C租车并不是泾渭分明，在国内第一家做P2P租车的新加坡创业公司PP租车在扩展市场时也会选择与传统的B2C租车公司合作，由PP租车提供用户，由B2C租车公司提供车辆。

私家车租车平台上的车辆按租期可分为长租和短租两种模式。私家车租车的规模远没有私家车搭乘的规模大，一方面在于许多用户使用此类车辆共享服务本就是为了摆脱开车的不便；另一方面在于租车涉及的信任要求比搭乘高得多，还有车辆的安全问题，此外交接车的时间、地点、验车等也比较复杂。因此，私家车租车平台普遍涉及较重的线下运营。

针对信任和安全问题，除了采用真实身份和行车记录仪之外，国内的从业者尝试不同的解决方式。

友友租车更强调“小区化”的概念，即车主和租客居住在临近小区，由此形成的强关系能限制车主和租客的行为。凹凸租车纳入更多社交元素，租车的工具属性弱一些，玩车的社交属性强些。而人人租车则强调以机场为交接点的以车易车。

私家车搭乘模式的普及对私家车租车带来两方面的影响，一方面，闲置私家车将增多，私家车租车的供给也将随之增多；另一方面，由于私家车搭乘让打车更加方便，对租车的需求将有所减少。

未来，随着私家车搭车和租车市场规模的扩大，供给与需求的匹

配越来越容易，交接越来越无缝，使用体验与便利性将更加提升。而汽车的使用率将越来越高，对汽车销量的影响也将越来越大。尽管目前尚未造成明显影响，但汽车厂商和传统租车公司已保持高度警惕，一些汽车厂商直接发展租车业务，以应对这一趋势。

宝马和戴姆勒推出的汽车共享服务本质上仍是B2C的租车服务，但与传统租车服务相比做出了一些创新，包括不再按天计费，而是按分钟计费；随处租车还车，而不需要在门店租车还车。这使得其比以日租起步的传统租车灵活得多，也更能够提高汽车的利用率，实现对私家车的替代。

2011年6月，由宝马集团和汽车租赁公司Sixt各占50%股份合资成立的DriveNow公司在德国慕尼黑推出汽车共享服务。用户通过手机APP来搜索附近的汽车，在使用之后不用把汽车归还至接车的地点，而只需将汽车开到目的地附近的归还点即可。

截至2015年2月，DriveNow在美国和欧洲的8个城市运营2400辆车，共有36万客户。在未来五年内DriveNow会再覆盖欧洲和北美的25个城市。

“与其他传统租车服务所不同，我们鼓励用户的自发性。”DriveNow英国业务的负责人Joseph Seal-Driver在接受Business Insider采访中说道，“我认为DriveNow这种无须提前预订的灵活方式会使我们脱颖而出，并且这将能够适应都市生活的节奏。”

在伦敦的DriveNow服务，需要事先交纳29英镑的注册费用，并按照每分钟39便士（约合1.5元人民币）的费用计时收费，对于活跃用户的资费则降至每分钟32便士。为了推广DriveNow，用户只需要上传

DriveNow旗下的一款车型照片到Facebook上，就可以获得100分钟的免费服务。

“可能我们的父母是人手一车。但现在，年轻的一代更倾向于共享资源。”DriveNow的发言人Michael Fischer在接受《纽约时报》采访时说道。

与DriveNow类似，戴姆勒集团早在2008年就成立了以Smart For Two作为主要车型的汽车分享公司Car2Go，车型小巧的Smart For Two在面对都市街区时显得更加灵活。

Car2Go同样是按分钟计费，租车用户使用智能手机即可打开门锁，进入车内后输入密码获取钥匙，到达目的地后，只需将车停放在指定运营区域内的任意公共停车场即可。

目前Car2Go在欧洲和北美市场的29个城市拥有超过100万名用户和1.25万辆汽车，累计出行共计3200多万人次。Car2Go业务将于2016年底前进入50个新城市，届时中国的大城市将是重点发展的对象。作为进军亚洲市场的第一步，重庆将成为该公司在亚洲的首个试点城市，将于2015年在重庆投放数百台Smart For Two汽车。

除了最为常用的乘车与租车，私人飞机领域也完全具备共享经济发挥作用的条件。私人飞机的使用率较低，每次飞行经常有很多空余座位，而且拥有和运营私人飞机非常昂贵。同时，搭乘航空公司的航班有诸多不便，包括机场安检和等候时间较长、高峰期一票难求等。私人飞机搭乘面向的是既想避免乘坐商用飞机花费较多时间，又不想/不能养得起私人飞机的人群。目前美国市场上有BlackJet、AirPooler、SurfAir等私人飞机搭乘平台。

北京市民邢颖在微博上写下了使用某拼车软件后的感受，“5秒就接单了。第一次使用，点了双人拼车。司机路上还拉了两个人。从香山的摄影工作室到大郊亭的花艺工作室，才花了 9 块 9 毛钱。”

李凯第一次使用拼车软件当车主，收入了13.2元钱，并在微博上晒出了收入和乘客对她评价的截图。

开车上下班的路上多载一个人，成本几乎是零。“多载一个人就是分享你的座位，对方付钱就是经济。这对双方都有好处，也可以减少道路拥堵。”滴滴副总裁张贝说。

张贝说，滴滴拼车运营人群中有65%的拼成率。如果用平时出租车价格的60%拼车，司机可以获得120%的收入。各方都有积极性，乘客付出更少的出行成本，司机有更高的收入，道路车辆也会减少，拥堵程度就会缓解。

绿狗租车常务副总经理范永耀认为，除了分享车座位，还可以分享用车时段。“按小时租、日租、常租，利用互联网把自己的身份证、驾驶证通过APP上传，通过服务平台享受全程自助、24小时服务。”

范永耀说，2015年绿狗租车仅分时租赁一项，就满足了五万人次的出行，行驶了242万公里，节省19.36万升汽油。

不过，专家认为，智慧出行的发展壮大还需时日。

共享房屋短租模式

民宿的历史源远流长，投宿陌生人家比旅店的历史更为悠久。然而在信息时代之前，投宿这一行为存在巨大的随机性和伴随而来的安全问题，房客无法知道可投宿的房源和房主的背景，房主也无法了解房客的背景。

互联网便利了信息的传递，除了投宿网友这一线下投宿熟人的线上版之外，公告栏、论坛等一代代进化的社交网络让寻找目的地的陌生家庭投宿变得相对方便。然而平台化的信息集散地要等到2004年沙发客网站（Couchsurfing）的出现。

Couchsurfing是为游客撮合寄宿家庭的非营利性网站，作为一个分享性社区，注重的是沙发客与接待者之间的交流和沟通。用户可以在网站上联系到旅游目的地提供免费接待的住户，而热心的住户也可以找到来自己居住地旅行的游客。人们可以通过沙发旅行的方式结交新朋友。

投宿（或者用更加“现代”的说法——民宿或房屋短租），这一前现代社会中商业基础设施匮乏情况下的社会约定，成为现代社会驴友中的前卫选择，但与大众的距离依然遥远。真正使其商业上可行，

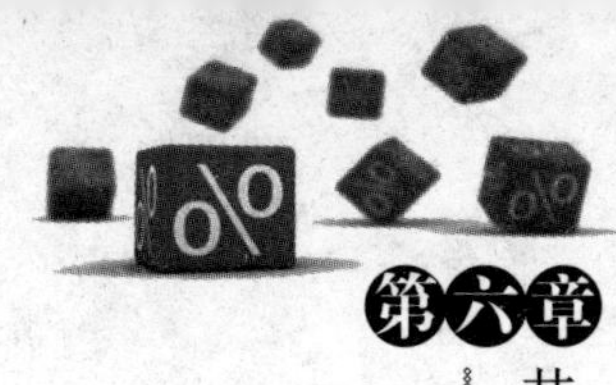

且大规模推向普通人，是2008年上线的Airbnb。

民宿的优劣势

Airbnb让人们意识到分享闲置住房的可能性，民宿解决了人们住酒店无法满足的一些需求：一、价格通常比同规格的酒店便宜很多；二、提供了非常多样的选择，如套房和厨房比较适合家庭旅行者；三、民居的体验对许多人来说要好过酒店，与当地人交流、做朋友是住宿之外的额外收获；四、供给的弹性很大。对于房主而言，则可以有效利用空余房源，降低空置成本，使房屋增值。

这些都是民宿的优势，但也存在着一个关键问题需要克服——安全与信任，涉及房东房客的人身与财产安全、房间的消防安全、饮食卫生和保险等。社交网络、相互评价、平台担保等措施对解决安全与信任问题至关重要。

Airbnb们对酒店业带来一定威胁，不过目前仍主要局限在度假旅行者。而利润更高的商务旅行者则对酒店具有一定的忠诚度，这主要是得益于企业的差旅政策、酒店提供的会员优惠以及酒店所提供的标准化体验等。

短租的业务模式

从业务模式来看，Airbnb及其模仿者们都想成为一个短租房东与房客的在线交易平台。目前它们的盈利基本都是向房东收取5%–10%的手续费，也有个别网站为了吸引用户采用免费的模式。在国内，短租行业还处于非常早期的起步阶段，同时也处于一个非常快速的增长阶段。

因为Airbnb的成功，中国冒出了无数的模仿者。国内出现了10余家C2C短租平台，包括蚂蚁短租、小猪短租和游天下等。其中，蚂蚁短租原来是赶集网旗下的在线短租业务，后来独立分拆，依靠赶集网倒入房源。而小猪短租的创始人是原蚂蚁短租管理团队，与58同城、淘宝旅行开展合作，导入客户流量。搜房网旗下的游天下推出了“中长期短租”和“精品公寓”等，“中长期短租”瞄准7天以上及1-3个月的用户住宿需求；而“精品公寓”是游天下精选出具备较高硬件水准和软件服务的短租房源，为对住宿有着更高要求的商旅、白领等人群提供精致的短租体验。

除了模仿Airbnb模式，国内一些企业也做了一些调整与创新。其中，有房客逆向定价的程途网；有C2B2C模式的商家集中房主房源、统一管理，包括途家网、天天如家等。途家与天天如家跟业主签订托管协议后，对房子进行统一的装修，然后进行线下酒店式管理。程途网采用正向出价、逆向竞拍模式，房客可以在入住天数达三天时自行填写价格，房东如果接受则以房客填写的新价格提交。

共享美食模式

国内从2014年开始，爱大厨、好厨师、烧饭饭等应用软件已纷纷上线。这种分享模式不在于帮助人们解决吃饭或做饭问题，而是营造一种文化交流的平台。

通过这些第三方平台，好手艺的大厨们可以充分发挥自己的特长，在闲暇之余为他人提供高品质的美食，同时，也可以获得收入。把自己的闲暇和才华分享给他人，创造了意想不到的价值。

2015年，Uber和Airbnb两只独角兽的兴起让“共享经济”的概念越来越火。作为互联网下的新经济形态，共享经济悄然改变甚至颠覆着传统的经济模式。交通出行、快递物流、住宿短租、餐饮外卖……共享经济几乎无孔不入，渗透到各个行业。

随着Uber/Airbnb这样用共享经济模式崛起的企业，正在重构整个世界。共享经济主张利用碎片化的闲置资源，进行整合，以达到资源优化配置，节省成本、提高效益的目的。这种做法所能解决的行业问题也是备受“四高一低”压迫的餐饮业所头疼的问题。

餐饮+共享经济有哪些模式

中国人在“吃”的生意上花的心思也许是最多的，在餐饮领域也是一样。

共享经济时代，即便“灶台久不闻炊烟”，也能有多种多样的“吃”的选择。想要速战速决，动动手指，外卖就能送上门；想要换换口味，纷纷涌现的各种私厨定制，让你挑花眼；想去餐厅又对价格比较敏感，O2O足以满足需求。

餐饮+共享经济的鼻祖是美国的Eatwith和Kitchit，在国内经过近两年的发展，餐饮O2O总结为四种模式：第一种是C2C模式的有私厨上门，代表公司有爱大厨、好厨师、烧饭饭、小小厨，公司成熟指数已经达到了三颗星。家厨共享，代表公司有回家吃饭、小e管饭、蹭饭、我有饭、妈妈的菜、妈妈味道、阿姨厨房，公司成熟指数已经达到三颗星。其二是B2B2C模式的有共享厨房产能，代表公司有黄太吉、金百万U味、爱上蒙羊，公司成熟指数已经达到四颗星。其三是混合模式，代表公司有吖咪厨房、吃好点，公司成熟指数已经达到四颗星。

1. C2C模式：私厨上门

对于追求消费升级、注重社交体验的新一代饕餮客们而言，想要吃得好、吃得安全、吃得舒服，就由星级酒店大厨上门服务。

比如爱大厨、好厨师等就是代表企业，2015年均获得亿万级风险投资。

对那些没时间下厨或是不擅烹饪的都市白领来说，请专业厨师上门烹饪想吃的美味佳肴颇具吸引力。让厨师与消费者直接对接，无疑为餐饮提供了全新的解决方案。

私厨上门服务App的出现，不仅让厨师能充分利用个人的碎片时间增加收入，而且有利于厨师个人品牌的塑造。借助网上评价的马太效应，挂牌厨师会强者更强、弱者更弱。

不过，松散型的厨师管理、参差不齐的服务质量，也令不少消费者认为体验私厨上门服务更像是一种冒险。

“烧饭饭”运营方耶客曾获IDG和雷军683万美元投资，张志坚也是行业连续创业者。目前“烧饭饭”已停业，原因有三点：

首先，厨师上门O2O服务是非标准化、完全增量的市场，很难实现规模化的业务扩张；

其次，效率低下是相对低频服务；

最后，供需不平衡，面临众口难调尴尬。

厨师上门O2O服务的供需两端也不平衡，比如，当年夜饭等需要大量厨师上门服务时，往往需要大量的厨师，这又往往是酒店最繁忙的时候，厨师很难出去做兼职。

这就使得没有足够数量的厨师去满足用户的需求，导致供需两端也失去平衡。从具体的运营层面讲，厨师也需要装备和工具，一部分酒店厨师也不适合在家里给人做普通的饭菜。

2. C2C模式：共享家庭厨师

共享式家庭厨房，又叫“O2O”厨房，或者“互联网+”厨房。不少闲置的家庭厨房赚得了收益，工作忙碌的人们享受到了在家吃饭、吃家常菜的温馨。

共享厨房的概念，不仅满足了在都市打拼的年轻人对家庭的渴望，也满足了这部分消费者对个性化消费的需求。

共享厨房这个领域已经有了妈妈的菜、妈妈味道、烧饭饭、蹭

饭、我有饭、回家吃饭、觅食等这样主打共享家庭厨房概念的公司，把原先集中的大厨分散到了每家每户。

回家吃饭是一个基于地理定位、共享身边美食的O2O平台，致力于挖掘厨艺达人，以配送、上门自取等多种方式，为忙碌的上班族和不愿下厨的年轻人提供家常菜。2014年10月上线后，目前在北上广深已经有上万个线上家庭厨房开设。

回家吃饭一年内获得百万用户、完成四轮融资，融资总额达到了数亿元人民币。

但是，获高额天使投资的妈妈的菜、妈妈味道、烧饭饭均已关闭。除烧钱补贴难盈利外，家庭厨师的配合程度、时间的稳定性和菜的口味都是其问题。另外家庭厨房从原材料采购到整个加工制作过程都缺乏监管。一旦出现问题，消费者也很难维护自身权益。

亿欧网认为，C2C模式的众包阿姨私厨平台遇到的问题存在四个方面：

（1）需要大量资金，平台强大需要阿姨和用户两端双补贴，烧钱在所难免；

（2）周边竞争大，外卖和厨师上门以及半成品到家都是强有力的竞争对手，尤其是外卖行业；

（3）配送效率低成本高，一般家庭都是阿姨为家政主妇，不方便离开家里，做菜和配送不可兼得；

（4）盈利空间有限，对于现有的正餐供应，平台对其普通正餐不便提成，毛利的提升空间太低。

3. B2B2C模式：共享厨房产能

面对共享经济带来的行业红利，餐饮企业也纷纷开始探索方法。

黄太吉工厂店

天生有着互联网基因的黄太吉开创了外卖工厂店的模式，通过吸收第三方品牌，共享生产、物流、终端配送，进而打造迈向共享经济的新格局。

黄太吉将外卖工厂店设立在距离客户最近的CBD区域，所有的原材料以及半成品首先集中在外卖工厂店里，通过标准化的设备和工艺，把工厂店的产能全部投入到外卖上，同时把产能也共享给第三方品牌。

从简单的单品连锁，到多品牌连锁模式，最终到精品外卖共享平台，赫畅表示，餐饮O2O本质是对供应链的重构，而不仅仅是简单的信息在线上的重组。未来则会向整个供应链延伸，这才是餐饮产业的蓝海。

黄太吉的精品外卖工厂店模式最新一轮融资金额高达2.5亿人民币。

U味儿美食智能平台

U味儿是金百万在互联网时代孵化的餐饮O2O项目。金百万从2011开始酝酿该美食智能平台，通过金百万的中央厨房把菜品做成半成品甚至准成品，依托30多家门店销售的O2O餐饮模式。

U味儿以“智能炒锅+准成品菜+线上下单配送服务”为核心思想，以闲置产能作为突破口，进行产业链重塑。

餐厅闲时产能开放至中小餐馆，甚至家庭，以解决中小餐馆高峰

时期产能不足，配备厨房成本高，制作卫生难有保障的问题。

U味儿获得峰瑞资本李丰的首轮融资，以13亿元的估值便超过了已经经营二十多年金百万母公司。

4. 混合模式：吖咪厨房、吃好点

餐饮共享经济的混合模式是整合上述所长，也说明了现在创业一定是要超越前人才能有所发展。

吖咪厨房：厨艺培训+DIY体验+吃货社交的平台

吖咪厨房以线下厨房为社交场所，结合美食爱好者的行为习惯，将美食场景分为体验美学、空间连接、跨界社群三方面进行革命。

（1）体验美学，是食物及呈现的艺术感体现；

（2）空间连接，是美食爱好者的厨房梦想及美好进餐环境的实现；

（3）跨界社群，是饭局新社交价值的发掘，即美食从功利性的价值转变为共同爱好者相互结识的需求。

目前，吖咪厨房已累计在10个城市举办了5000多场次的厨艺课堂、私人饭局、美食派对等活动，积累了众多的用户，可以进行下一步的发展，如达人社交、支付工具及物理空间等。

简单总结一句，就是通过这个平台可以结识一堆固定或者非固定的“饭友”。同一个厨房，经过共享可以按需分配使用并共同获得回报，这就是这个厨房party的精粹所在。

吖咪厨房已获得IDG、挚信、启赋等投资机构的天使轮投资，其估值已经超过3亿元人民币。

吃好点：私厨共享+线上厨房+外卖

“吃好点”号称要做餐饮界的Uber，实际上是要基于“吃好点”APP平台在写字楼、小区租用多个工作室，把每个工作室装扮成社区厨房店，大厨被平台从饭店解放出来自己开店，一个大厨守一家店，间距在500米左右。

消费者基于LBS看到附近200-800米的厨师分布，再根据附近厨师拿手菜种品类、距离长短等因素选择厨师，而后进行预订，预订后可选择去社区厨房店吃也可选择送餐上门，用餐后用户把餐具放在门外等配送人员自动收取。

吃好点已完成1000万元天使投资，投资方为长江国汇投资和歌途文化。

基于共享经济的应用都有一个共同的特点，即用户充分的信任。安全重于天的餐饮行业，更是如此。打着“家”与“美食”的情怀牌，若是开发不出一套完整的信任机制，让用户拥有安全感，恐怕也只能沦为一个普普通通的外卖平台了。

餐饮：私厨的潜力有多大

餐饮行业是需求周期最为明显的行业之一，非用餐时间餐厅门可罗雀，用餐高峰则是漫长的等位、点餐和等餐时间以及下降的服务质量。而民间餐饮的供应能力很大，有一些商家尝试利用互联网技术挖掘其对外供应的潜力。同时，餐饮的需求非常多样化，除了大批量的工作餐需求，还有很多个性化的长尾需求，比较适合共享经济发掘非标社会资源的模式。

目前，使用社会化餐饮供应资源解决用餐问题主要有两类模式，

一种是私厨分享，包括国外的“EatWith”、国内的“有饭”等，现阶段还只是一小部分旅客和当地人的社交和尝鲜，远未能够形成有效的供给；另一种是将社会化餐饮标准化，提供外卖服务，国内有“妈妈的菜”“回家吃饭”，以及以手工零食为主的“觅食”等。

上述两种模式都面临着食品安全、监管及安全问题，食品安全包括家庭烹饪环境、食材、烹饪者卫生情况等，政府监管则包括工商执照、卫生许可等，而私厨分享还涉及双方的人身与财产安全问题。

私厨分享

在私厨分享平台上，爱做饭、有手艺的人在家里开起私厨，他们将自己的地理位置和厨房故事放在平台上，供感兴趣的吃货们选择。供给方主要有两类：一类出于兴趣，主要以分享和社交为目的；另一类是全职或半全职，其中包括线下私厨以及有计划或已经经营线下餐厅的人，以盈利、树立品牌、向线下餐厅吸引流量为目的。

目前阶段，由于私厨尚未形成大规模供给，所以对于用户来说并不是日常就餐的主要选择。尽管一些私厨的价格比餐馆低（由于税费等原因），但低价并不是用户选择的原因。用户选择私厨主要出于：一、热爱美食；二、私厨所能提供的多样性与独特性；三、社交。

私厨分享模式能否大规模推广的主要难点在于对供给方的激励，即人们为什么愿意成为私厨，将自己家中的餐桌分享出来，去服务其他的客人？除去兴趣、分享或闲暇来接待食客，可能无法长久维持，并保证稳定的供应，对平台而言也很难管理，供方和用户将主要限于热爱社交和美食的人群。以盈利、扩大影响为目的的全职或兼职供方

才是大规模推广的基础，有可能发展成为普通百姓的就餐选择之一。

私厨外卖

在更加“商业化”的私厨外卖模式中，烹饪者是社区的闲置劳动力（主要是中老年女性），比起私厨分享，对于供给方的激励是直接的经济收入。

而对于消费者来说，私厨外卖与一般餐馆的外卖并无不同。

目前这一模式的主要问题是物流，比起普通餐厅外卖，私厨外卖要去多个供应点取餐，然后配送，相当于是多点到多点，物流安排会复杂一些，成本也更高。零食外卖对物流的要求远没有工作餐外卖高，目前主打零食外卖的“觅食”的物流方案包括卖家送货、买家上门、第三方物流。此外，由于私厨外卖的菜品是分散化采购，成本也较餐厅高。

共享办公空间模式

空间是无处不在的资源，但它有着明确属性特征，主要包括共享住宿空间、共享宠物空间及共享办公场所空间三种产品形态。

传统空间拥有者想要高频次出售或短租给需求者，或者需求者想要了解房屋真实情况，交易的时间成本就非常高，但空间的共享经济则将传统的壁垒打破了，供需双方可以很快速地建立联系并沟通，信息完全对称。

联合办公发展新趋势之一——众创空间模式

“众创空间”与产业孵化器类似，重点在于一个“创”，旨在为小微创新企业成长和个人创新创业提供低成本、便利化、全要素的开放式综合服务平台。具体的表现形式为创客空间、创业咖啡、创新工厂等。

从定义来看，联合办公模式指公司将写字楼或产业园拆分成独立的办公空间，进行对外出租，客户将共享办公空间及服务，使公司成为新办公商业模式的温床。现今国内联合办公的发展主要呈现了两大趋势：一是含有创业、产业孵化属性的众创空间模式，典型代表为毛大庆的优客工场和广州万科云工坊。二是以灵活性为主要特点的服务式短租模式，典型代表为SOHO3Q，其因租期灵活、配套健全在北京市场已取得良好反响。

我们依据市场中运营众创空间的主体不同，将其分为两类，一是个人创业团体模式。是指以单一个人作为牵头人组建团队，与商业地产基金和开发商合作，选择城市规划中新建的地标建筑，以低于市场价10%左右的折扣租用1-2层楼面，分割为可定制并且社交功能齐全的工作空间，以远高于同业的价格租给各种创业公司。二是开发商主导模式。比如瑞安创智天地、万科云工坊等。由于具备丰富的开发经验，他们一般都会选择自建自营的模式，拥有充分的自主权管理经营，同时也会引进风投、天使基金等机构，扮演融资与孵化的角色，弥补自身在产业培育领域的不足。

办公空间共享：创业者乐园

对灵活办公空间的需求主要来自创业公司：不需要长租；不需要费时费力的装修；能够灵活增加或减少空间，以适应团队大小的变化；从签约到入驻的时间短。传统写字楼的租赁不能很好满足创业者的这些需求，而且价格昂贵。此外，传统写字楼租赁中介存在虚假信息、租赁产品不标准、匹配效率低等问题。除了创业者，对灵活办公空间的需求还来自：过渡期临时办公、销售或售后办事处、个人独立办公等。

联合办公、空间共享早已在创意领域出现，但最近几年发展迅速，其代表是美国的WeWork。根据专门跟踪联合办公趋势的Deskmag

网站，2014年全球共有约6000个联合办公地点，而五年前只有300个；那时在这类场所办公的人不到1万，但如今接近30万人。

WeWork们起到了三方面作用：一、提供灵活的办公空间。平台方首先整租办公区域，经过设计、装修后，以灵活的方式（空间、租期等方面）对外出租。二、促进租户的交流与协作，不同背景的创业团队在共享办公空间开展交流，并举办社交活动；同时，资源有限的创业者可以共享资源，发挥协同效应。三、提供增值服务。平台方向租户提供人事、财务、社保、法务、投融资对接、IT服务、云服务等增值服务，既节省创业团队的精力，也为平台方创造租金之外的其他收入。

办公空间的共享有两种形式，一种是轻资产的平台/中介模式，如国内的“马上办公”；另一种是重资产的批发/零售模式，目前是主要模式，包括WeWork、国内的“联合创业办公社”、SOHO3Q等。

也许更符合共享经济“本意”的是平台/中介模式，拥有闲置办公空间的业主/租户与租客在平台对接，闲置空间主要来自商务中心、企业内部空置空间、私人业主投资的写字楼、开发园区、孵化器等。平台方的盈利方式主要是向业主收取佣金，以及向租客提供增值服务等。

对于批发/零售模式，平台方需要先租下场地再转租，资金要求和风险敞口均较大；但优势是场地比较标准化，便于管理，且面临蜂拥而至的模仿者，领先者可以凭借重资产构筑起较高的壁垒。除了租赁写字楼、厂房等，国内一些平台与孵化器或产业园区合作，为孵化器的团队提供办公场地，为产业园区则提供空间规划设计、招商和创业者服务等。

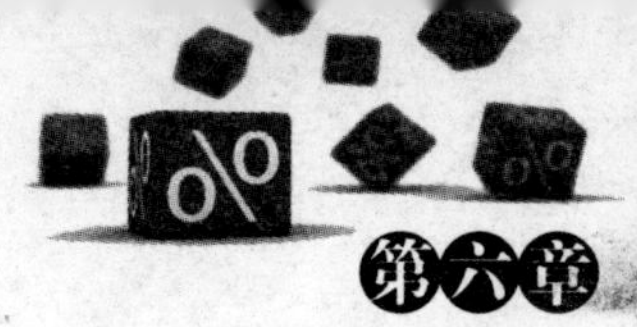

共享金融模式

近年来，随着我国共享经济的蓬勃发展，作为其重要核心的共享金融也受到了业界、学界的广泛关注和研究。相较于互联网金融这一随着信息科技、互联网技术应运而生的新业态，共享金融的内涵更为广泛。在11月28日举行的“全球共享金融100人论坛”上，多位经济、金融专家指出，共享金融不仅利用互联网技术作为渠道，而且还为金融资源供求双方提供了一个直接交易系统。其在实现普惠金融以及缓解现代金融体系的脆弱性等方面具有独特优势。

金融与互联网模式相互渗透，促使金融的共享经济需求诞生，主要有P2P网贷模式与众筹模式。

金融共享经济通过互联网平台快速高效搜寻和撮合资金的供需方，加快资金的周转速度，最大程度发挥了资金的使用价值。

相对于互联网金融的概念，共享金融更体现了长期、深层的金融模式与功能变革。学者认为，共享金融是通过大数据支持下的技术手段和金融产品服务创新。除了利用互联网科技，还构建以资源共享、要素共享、利益共享为特征的金融模式。

共享经济孕育共享金融

共享金融的概念是随着共享经济的快速发展应运而生的。

哈佛大学商学院商务管理教授和历史学教授南希·科恩（Nancy Koehn）表示，共享经济指的是个体间直接交换商品与服务的系统。

共享经济在互联网基础上，通过点对点的个体直接交换系统，能够实现在任何时间将分散在世界各地的成千上万的人连接起来，使民众更加平等、有偿地共享一切社会资源。

近年来，以共享经济为特点的新业态得到广泛发展，给艰难复苏中的国家经济找到了一个新的增长点。今年10月29日，中共十八届五中全会提出，要破解发展难题、厚植发展优势，必须牢固树立并切实贯彻创新、协调、绿色、开放、共享的发展理念。

然而，经济的发展离不开金融，金融是现代经济的核心。共享经济的发展潮流必然渗透到金融领域，从而使传统金融向共享金融发展。中国人民银行金融研究所所长姚余栋表示，积极推动共享金融的发展，即是在实现共享经济发展这一复杂工程中抓住了主要矛盾。

姚余栋认为，共享金融和共享经济有先天的关联性。不仅如此，作为一个金融新概念，共享金融还包含着互联网金融、普惠金融、金融市场化等一系列金融理念和方向，非常适应后工业时代和消费者主权社会特点的“小、众、美”金融。

在共享金融概念上，中国社会科学院金融研究所所长助理杨涛博士也更倾向于认同共享金融与共享经济的密切关系。此外，他还指出，互联网金融只是共享金融在当前特定历史阶段的一个表现形式。

相对于互联网金融的概念，共享金融更体现了长期、深层的金融模式与功能变革。杨涛认为，共享金融是通过大数据支持下的技术手段和金融产品服务创新。除了利用互联网科技，还构建以资源共享、要素共享、利益共享为特征的金融模式。

另外，有专家认为共享金融还是一种“新供给”。“共享金融对于科技发展成果的运用，对于互联网的运用，从制度建设到管理创新，这本身就是一种新供给。”华夏新供给经济学研究院副理事长王广宇表示，“互联网的本质就是共享”，因此互联网作为金融的承载，也赋予了金融一种共享的特质。

共享经济发展的重要引擎

目前，P2P网贷和互联网众筹是共享金融的典型表现形式。随着我国共享经济的快速发展，共享金融的潜力也得到了极大发挥。

根据积木盒子（P2P网贷平台）官网显示：截至2016年11月30日，距离积木盒子网站正式上线才26个月的时间，撮合贷款额达到114.24亿元。其中，贷款方面主要为企业经营贷款（31.58%）、车辆周转贷（29.93%）、房产周转贷（13.71%）、房产抵押贷（10.15%）等。融资主体方面主要为个人（97.90%）、批发零售业（0.99%）、农林牧渔业（0.72%）等。

网贷之家联合盈灿咨询2016年7月8日发布的《2015年中国网络借贷行业半年报》显示：截止到2015年6月底，中国P2P网贷正常运营平台数量上升至2028家，相对2014年年底增加了28.76%。2015年上半年，新上线网贷平台数量接近900家。截止到2015年上半年年底，中国

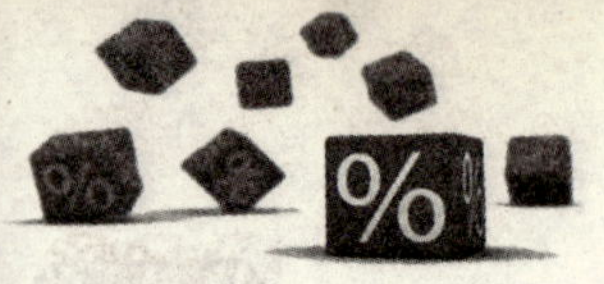

P2P网贷行业的累计成交量已经超过了6835亿元。预计2015年下半年P2P网贷行业成交量将突破5000亿元，全年成交量将突破8000亿元。

互联网众筹模式方面，相关数据显示：截止到2015年上半年，我国众筹平台总数量已经达到211家，其中53家属于2015年上半年新诞生的平台，成功募集资金46.66亿人民币。

杨涛分析说，目前共享金融发展势头良好，是因为“一开始从界定上就是着眼于服务于共享型的经济发展道路的金融模式”。并且，随着共享金融的广泛应用，将有利于突破传统金融的窠臼。

传统的金融模式无法满足日益壮大的新生市场主体的需求。姚国栋表示，目前，我国的人均收入达到了7800美元，到2020年将突破1万美元。然而，我国一旦进入中等收入阶段之后，由于高昂的固定运行成本等原因，传统的金融机构有大客户偏好，这就使得个性化、零散分布的需求无法获得金融资源。

相关媒体报道，据央行统计，2014年9月底，北京小额贷款公司仅有71家，贷款余额为114.69亿元，仅占全国贷款余额的1.26%。规模以下的小企业90%以上没有与传统金融机构发生任何借贷关系。

与之相对应，金融资源供给方的资金也只能通过银行、股票、债券等产品流入金融机构。由此可见，我国大部分资金还是需要通过传统金融机构实现融资，投资、融资渠道相对过窄，收益较低。

共享金融模式可以通过现代信息技术平台，实现资金供求双方的直接交易。姚国栋说，一方面拓展融资空间，尤其是中、小、微企业等尾部需求者获得融资，另一方面，也极大地拓宽了广大居民的投资渠道，从而最大限度地实现每一个人在有需求时都能以合适的价格

享受到及时、有尊严、方便、高质量的各类型金融服务的普惠金融理念。

共享金融模式和传统非银行金融模式不同之处还在于，通过供资双方直接交易极大地避免了资金闲置。积木盒子的CEO董骏说，很多的传统金融模式，就是一个资金池的概念，比如一个小贷公司必须要把资本金积累在手上，才可以找到客户，把它放出去。中间这个过程是用来做信息的收集，做项目的审核，以及做更多的客户获取。其实在这个过程中，资金是闲置的，无形中增加了资金的无风险收益所带来的成本。而共享金融通过工资双方直接交易极大地避免了这种损失。

新型金融监管需跟上

共享金融给金融界带来巨大变化的同时，也暴露出监管方面的诸多问题。

P2P平台鑫利源在今年10月1日发布了清盘公告后，竟然于11月23日在官网上赫然发布“跑路公告”。公告内容仅为两张人去楼空的办公室照片。出现问题的还不仅仅是鑫利源一家P2P网贷平台。据相关报道，早在2013年4月上线的深圳的网络借贷平台“网赢天下”，运营仅仅4个月，累计成交额高达7.8亿元，但8月即宣布停业。事发时“欠债”近1.8亿元，有上千名投资人无法提现。

网贷之家数据显示，网贷行业问题平台涉及的投资人数和涉及贷款余额巨大。自P2P在我国问世以来，截至2016年10月底，共成立平台3598家，问题平台占1078家，其中跑路占比为42.55%，停业占比

29.79%。问题平台涉及投资人数约为14.2万，牵涉资金达上百亿元。

上海金融与法律研究院研究员聂日明对法治周末记者说，目前出现的这些网贷行业暴露出来的种种问题，主要源于金融机构的界定以及相对应的监管不严。

目前金融机构分两种，银行类金融机构和非银行类金融机构。银行需要有牌照才能从事吸纳资金和发放贷款，而非银行类金融机构不可以做资金池子。

2011年8月23日，银监会办公厅下发的《关于人人贷（P2P网贷）有关风险提示的通知》，明确了网贷平台的中介属性，明确平台本身不得提供担保，不得搞资金池，不得非法吸收公众存款。

相关规定明确，网贷平台应该遵循项目和资金对接，一一对应的原则。聂日明说，网络平台应该以中介的身份介绍项目和资金，做两者之间的对接。平台的收益应该是中介服务费。

但一些P2P网贷在具体运作时，为了吸引更多的投资者，许诺刚性兑付，不仅增加了企业自身的压力，而且还面临着很大的金融信誉风险，甚至造成了一些平台经营者为了逃避风险而跑路。对于个人投资者而言，或者不关心其中的究竟，或者因为平台信息匮乏无法了解其实质。

针对共享金融发展过程中暴露的主要问题，中国人民银行有关负责人在媒体采访时表示，主要问题首先在于行业发展“缺门槛、缺规则、缺监管”，导致客户资金安全存在隐患，出现了多起经营者“卷款跑路”事件。其次，由于从业机构内部控制、信用体系不健全，从而导致经营机构“欠债”和“破产”。另外，金融交易的虚拟化、交

易对象的全球化和交易时间的缩短、频率的提高，给传统金融监管带来极大挑战。

因此，在共享金融快速发展的当下，对于金融监管部门来说，如何切实有效地监管这些网贷平台至关重要。

日前，国务院办公厅发布《关于加强金融消费者权益保护工作的指导意见》，提出要建立健全金融消费者权益保护监管机制和保障机制，规范金融机构行为，培育公平竞争和诚信的市场环境等要求。

“现在我们到了互联网时代、大数据时代、云平台时代，我们很多思维方式都要离开传统的金融监管模式。”中国人民银行郑州市中心支行行长徐诺金在论坛上表示，金融监管方面首先要明确，金融本身是基于自主决策、自担风险而产生的，不能转嫁给社会。共享金融享受了金融共享的利益，同样要共享金融的风险。在此基础上再考虑共享金融平台的风险控制。徐诺金认为，目前应该更多考虑的是平台运营模式、流程控制规范化，而非金融安全和技术上的风险。徐诺金认为，下一步，行业应在共享金融领域形成比较清晰的监管标准，诸如具体的准入门槛、风控标准等。

共享医疗健康模式

Cohealo是率先将共享经济/协作消费模式引进医疗服务行业的领先者，该公司联合创始人兼首席执行官马克·斯劳特尔（Mark Slaughter）今日在著名科技博客Recode.net撰文指出，医疗服务行业将是共享经济的下一个主战场。

斯劳特尔的分析文章的主要内容如下：

如果说有一件事能够像Uber的发展那样值得市场关注的话，那必然是这家美国最著名的共享经济公司上个月试水医疗服务行业。虽然Uber在美国的一些大城市尝试提供流感疫苗注射服务时一直表现得小心翼翼并且确实也不是一帆风顺的，但是它在医疗服务领域取得的进展却得到了广泛的认可，业内人士认为这为医疗服务与共享经济相结合奠定了重要的基础。

共享经济通常也被称作合作消费，这是一个年轻的产业。迄今为止，共享经济在消费者市场的影响力要强于它在商业市场的影响力。因此，它与医疗服务的结合并不太出人意料。

医疗服务行业与共享经济结合有两项优势，一是有多少供应商能够从提供医疗服务中受益及如何受益将促使供应商将战略集中在行业整合和规模经济上面，二是相关的技术发展已经达到一定的水平，不但能够让共享经济成为可能，而且还保证了医疗服务与共享经济之间能够实现无缝结合。

共享经济已经在B2C领域获得成功，并且现在又进入了B2B领域，医疗服务行业对这种模式的信心很足。或许，在医疗服务领域内消费产品和服务的方式已经应当发生一些变化了。美国以拥有全世界最好的外科医生、最先进的医疗技术而自豪，最近几年又在解决医疗服务的成本和质量控制问题上取得了不错的成绩。鉴于此，通过共享经济来推动这个快速变化中的行业进行创新不是更有意义的一件事吗？

任何领域，只要它的渠道比所有权更加重要，就能与共享经济相结合。虽然医疗服务配送过程中的某些元素出于安全和卫生的考虑是不能共享的，但是共享经济在这个行业仍有很多发展的机遇。技术已经能够改变我们购买和消费医疗服务的方式。Uber的流感疫苗计划成功地改变了疫苗接种的混乱传统模式。其他的疫苗接种、测试或预防也能走这条路。

谁敢说Uber不会在2月份即美国的心脏保护月开始测试心脏病方面的诊断服务呢？他们肯定在规划我们还没有考虑到的某些新计划，其他的智能技术公司和大型医疗服务供应商也在做同样的事情。

共享经济能够在更大的规模上改变医院的采购和人员安排决定。在劳动力方面，我们看到护士们不再为某一家医院而工作，而是哪里需要就到哪里去。重要的医疗设备采购也会发生巨大的变化。现在很多医院之间已经开始共用一些价格昂贵的医疗设备，这将让医疗系统在采购和使用资产方面变得更加明智和高效。

与此同时，共享经济还有助于提高医疗服务的质量，消费者们越来越关心自身的健康，相关的投资也越来越多。消费者们当然希望他们选择的医疗服务机构能够为自己提供最先进和最强大的技术。

医疗服务行业从未像现在这样愿意向新思想敞开怀抱。或许有朝一日我们会回想起今天所做的这些努力，并且为共享经济能够与医疗服务相结合而感到庆幸。

在Pager平台上，患者只要有需求就可以通过移动应用来预约医生，公司会从签约医生中挑选一位与患者达成1对1连接，并在2小时内提供上门服务。另一家共享医疗公司Medicast平台上的医生所提供的诊疗服务大致围绕感冒、发烧、轻微的外伤等可简单处理的病症。

另一种共享模式是对健身场馆及健身教练分享使用，如ClassPass，采用“整进散出”的模式，通过资源整合，将纽约市的健身会馆联结在一起。

这些对于没有时间在医生办公室排队的患者来说意义重大，可以节省时间和精力；对于医生而言，也可以额外地获得一些收入，一些年轻、知名度不高、经验不足的医生也可以通过这种途径筛选针对性的病患，有效提升自身专业水平；健身场馆则可以通过这种方式增加用户黏性。

不知不觉我们已经进入了共享经济的时代，当大家还在热议滴滴、优步究竟是福还是祸的时候，远在万里之外的大洋彼岸，纽约市的患者已经可以享受众多医生通过预约平台提供的按需服务。患者只要有需求，就可以通过APP线上预约医生，医生在接到预约时，首先通过远程IT技术评估患者的症状来确定诊疗方案，随后医生携带先进

的智能云端健康检测设备上门，检查患者的体征并给予现场施治。提供此类服务的移动互联网新生代公司Heal、Pager、MediCast等企业被业内一致看好，极有可能成为下一个Amazon、Uber这样能改变人们日常生活方式的互联网巨头。

2015年7月27日，广州保利花园的一些居民们聚集到了小区新开张的和熹健康生活馆，他们来这里是为了见证保利地产战略升级的一个探索，也为了体验一种新型的医疗健康服务——互联网共享医疗服务。记者看到，现场有两个区域非常热闹，大家争相体验上门保健和云体检服务。正在用手机大小的血脂仪进行检测的外企白领Jasmine对记者说，“白骨精”们不再像以前那样以健康换财富了，现在更加注重自己和家人的健康状况，无奈现实中事业拼搏与照料家人往往有冲突，没想到在美国刚刚兴起的医生上门服务模式居然已经出现在身边，而且服务方式还更加丰富，自己与老公、孩子、父母的日常保健需求在家、在小区就基本能满足了，不仅如此，还可以约医生到诸如办公室等特定场所服务。做完自己的检查，接下来Jasmine还要通过APP预约来自某三甲医院康复科的吴医生到家中，为中风后的母亲进行物理康复治疗。

作为国内第一家提供互联网共享医疗上门服务的公司，北京预健科技有限公司的负责人向记者介绍，保利花园的居民正在体验的就是该公司提供的上门预健和量身预健服务，用户通过APP查寻附近可提供此类服务的医生，在可选服务时间里预订服务项目并完成在线支付后，就坐等医生上门了。记者还了解到目前的服务类别已开通神经康复、骨伤康复、运动损伤康复、产妇护理、新生儿护理、中医推拿、

艾灸、刮痧、拔罐等项目，同时还能提供心电、血脂、尿液、血压、血糖、血氧等若干项生理生化指标的上门检测、实时数据监控和医生在线报告。

预健科技所倡导的商业模式正是基于互联网共享医疗，其中最重要的是医疗资源共享与健康信息共享，医疗资源共享让医院内的医生们能够跨越围墙，利用自由时段为更多患者提供帮助，而健康信息共享则使有专业医生提前介入与干预的个人、家庭健康管理得以实现。另外，互联网共享医疗还有非常好的服务耦合性，嵌入家庭就是“互联网+”私人医生，嵌入社区就是“互联网+”社区健康，嵌入企业就是“互联网+”EAP，服务场景、形式十分灵活。

互联网医疗的本质是重构医疗资源，颠覆传统医疗模式，让看病就医更加人性化。从以患者为中心的角度看，就是患者有所呼，医生有所应。可以说，随着智能手机的迅速普及和健康感知技术的日益提高，医院之外的诊疗方式也开始加快走进人们的生活。

不过中国有句俗话：医不叩门，意思是说医生不能主动去扣病人家门，否则会被认为别有所图。同时，互联网医疗健康服务所面临的法律法规监管非常苛刻，不允许离开医疗机构进行有破损性的治疗，禁止网上开处方药等等。但是，随着社会的进步，很多新鲜事物的出现超乎想象，风俗也好、法律也罢都只能随着社会的发展不断改变与修正。

互联网共享医疗究竟能够带来什么改变和利益，让我们拭目以待。

共享任务服务模式

帮助别人完成任务或提供各种服务。人们在网站上发布工作内容，然后别人可以领取任务，完成任务后获得相应的报酬，美国的TaskRabbit就是一家这样的企业。

从发布任务者的角度来说，成本低、解决速度快，而接受任务的人则可以赚些外快。这种模式下，公司也将会更“轻”更扁平。

每个人的身上都有标签，而有时作为隔壁左右中的你，可能并不知道每天都会打照面的邻里左右是干吗的。甚至在你家小区楼下扫垃圾的大妈很可能其实是位身家过亿的慈善家。每个人的职业和个人能力决定了他自身的含金量，而在某些特殊行业里，很多从业者希望利用闲暇时间做些力所能及的事，并获得相应的报酬。可偏偏又有很多人一生放荡不羁爱自由，愿当一名背包客，从此奔走他乡，沿途赚钱旅行，享受生活。职业和个人能力的冲击，使职业的标签性、灵活性越来越成为近来的趋势。

有时候你想找律师提供咨询服务，于是上网搜寻各大律师事务所，殊不知很有可能你家附近就住着一位靠谱得多的律师。而很多时候像程序员和文字工作者，可以在自己力所能及的范围内，为别人提

供一些自己专业性的服务，既能提高收入也能避免浪费时间。

用户可在平台上实名认证自己的行业与职业信息，并在平台上发布任务。系统根据个人信息将自动推送一些用户在近距离内可完成的力所能及的任务，从而，用户可在平台上接一些合适的活，并完成后收取相应的费用。例如，你家的狗狗生病了，不用着急呼朋唤友地询问哪家医院好，打开APP搜索一下该行业和职业的用户，系统将会自动根据距离为你提供你需要的用户进行服务。

职往通过规范性、专业性、安全性、便捷性和省去中间环节为用户提供服务。值得一提的是，职往将新增加合作佣金功能，双方任务交易途中，资金将提交到职往平台，任务完成后，钱将转入任务完成者手上。同时，职往通过调取用户在APP上的聊天记录，作为第三方介入一些交易的纠纷，双重保障用户的合理收入。由于用户均为各领域各职业的从事者，所以任务完成的专业性是可以保证的。平台上的用户如需发起或接任务，必须实名认证，以保障金钱交易的安全性。对比于线下交流与交易，APP这样的线上平台更能便捷地为用户解决需求。同时，职往只提供渠道，任务只由双方用户完成，省去了中间环节，对于双方是双赢。

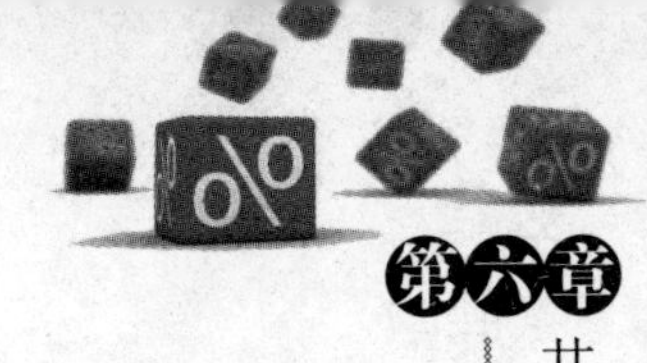

附录：滴滴出行创始人、CEO程维的演讲

2016年5月26日上午，滴滴出行创始人、CEO程维应邀到国家行政学院，为400多位来自全国各地的中青年干部作题为“分享经济发展中国”的报告。在这份长达2万字的报告中，程维第一次从打车软件技术、交通大数据应用、人才计划、战略部署等多个角度对滴滴迅速崛起的关键、滴滴未来发展的核心战略和方向以及全球互联网发展态势做了详尽的阐述。

国家行政学院是国家培训高、中级国家公务员的新型学府和培养高层次行政管理及政策研究人才的重要基地。根据公开的资料显示，刚刚创业4年、年仅33岁的程维是继阿里巴巴创始人马云之后，第二位登上国家行政学院大讲堂的互联网企业家。

以下为程维演讲全文：

我深刻地看到，在一个一个的行业里面，互联网作为这个时代最先进的生产力，不断去改造每一个垂直的行业，一切改造的目的是以提高整个行业的生产效率，提高用户的消费体验，降低整体成本为目的的。

最早打车软件解决租车行业信息化的问题，后来的专车和快车，

在推动出租车行业的市场化。出租车行业不够市场化最大的问题是什么，第一是价格并不反映供需，第二是服务并不决定司机的收入。价格不反映供需就是很多人打车，只有很少的车，但是价格是固定的，并不能够激励到司机，缓解供需不平衡，也不能够挑选出来到底谁更着急，谁应该先走，价格的杠杆是没有的。

平峰期的时候很多车闲置，或者司机返程价格也不能降一点。出租车整体服务不好，并不能怪司机，那些服务好的司机，他并不能比服务不好的司机收入高，反倒是那些偷奸耍滑的、绕路的司机能赚到更多钱，这个收入分配和激励的机制是失灵的，好的司机不会被鼓励，坏的司机不会被惩罚，所以服务会越来越差。

滴滴的出租车、专车、快车、顺风车、代驾、巴士这些业务高速发展，3年半多一点的时间，我们变成了整个中国甚至全球发展最快的互联网公司。我们有3亿用户，在中国400多个城市里开展服务，司机超过了1400万，1400万的司机是整个中国所有机动车总量的10%。每天服务的订单超过1300万，1300万订单是整个中国第二大的互联网交易平台。

第一大是什么大家知道吗？是淘宝，是电子商务，它一天大概有超过3000万笔交易，我们大概1300万笔，但我们才发展了3年多。我们相信出行有一天一定是中国交易笔数最大的平台，因为购物大概一个月、两个月才买一两次东西，一周买一次的叫剁手党，但大家每天都有一两次的出行，是最高频的服务。

目前世界上最大的运输企业是铁路总公司，平常一天大概服务500万人次，在今年春运初七返程那天创历史新高，1034万人次。滴滴已

经超过铁路总公司，超过所有公交集团、地铁集团成为最大的出行服务企业，我们每天服务超过1300万次。但是今天大概只有1%的出行从线下到了网上，淘宝在全中国渗透率超过13%，我们还有超过十倍的空间，还处于发展的很早期阶段。社会给了滴滴很大的信任，从安全、服务到效率，滴滴有很大的发展机遇，也有很大的责任。

大家知道这个时代的大背景，是从已有300多年历史的工业时代往互联网时代的变革。工业时代所有的人都是拥有经济，大家的梦想是成为中产阶级，要拥有越来越多的商品，要买房子，买车子，这些需求拉动了大规模的工业生产，所有的工厂都是为了满足人们拥有的欲望而大规模生产，提高整个社会生产的效率，降低商品的成本让每个人拥有很多很多的商品，这是过去300年整个工业时代主要的一个脉络。全球产业分工先从欧洲生产、美国生产再转移到了中国，现在转移到了东南亚和印度，这是工业时代大的脉络。

但是，人类是不是可以每一个个体都拥有这么多资源，拥有这么多工业商品呢？在互联网时代到来的时候，那些资源紧缺的领域开始孕育出分享经济的萌芽，也只有互联网时代，那些紧缺资源的行业也才会开始有分享经济的萌芽，而分享经济是未来20年整个互联网时代最大的发展趋势。

资源瓶颈的行业不可能每个人都拥有。那什么是最瓶颈的行业？还不是住宅，房子可以往上建高楼，可以建地下室，居住资源是三维的，而交通是二维的，大家都在一个平面上出行，城市里交通资源碰到很大瓶颈。

原来在大城市里面，如果你没有车，出门你只能坐公交或者出租

车，是很不方便的，所以逼着大家只要有条件就一定要买一辆车，这种需求拉动了中国过去十几年汽车工业的高速发展，中国已经变成了全世界汽车产销量最大的国家。但是去年开始出现拐点，为什么，是因为汽车太多了吗？

中国有多少汽车，据统计中国有1.4亿辆机动车，而中国有8亿的城镇人口，大概就意味着只有17%的人口是拥有汽车的，北京有500万辆机动车，3000万的总人口，大概也是北京17%的市民是拥有汽车的。这个数字在美国大概是50%，中国的人均拥有汽车的比例还大概只有美国1/3，美国每个家庭都有几辆车，中国还没到这个程度。

但是也就是这个时候，整个中国所有的大城市都开始拥堵不堪，很多城市已经开始采取限制措施，限制大家购买汽车，需要摇号，我有一个朋友摇了20个月，在北京都没有摇到，完全是靠命运在摇号，我听说上海的车牌价格已经比很多A级车都要贵了。还有限号，买了车以后也不让开，北京一度说要单双号限行，两天只能用一天，中国在只有美国1/3汽车拥有比例的时候已经碰到了瓶颈，这个瓶颈来源于中国人口的密度，来源于中国主城区人口集中造成的拥堵，来源于中国路网建设基础的薄弱。

所以中国是不可能走美国的老路的，每一个城镇的居民像美国人一样拥有一辆车，怎么办呢？大家生活水平要提高，大家希望出行能够越来越方便舒适，唯一的办法就是未来10年，不能像过去10年一样每个人去买一辆汽车，而是让一个汽车服务几十个人，不增加汽车总量但靠分享服务更多的人，大家按使用付费而不再按需要拥有汽车。

我们想一想，为什么我们每个人要买一辆汽车，买一个汽车大概只有4%的时间在开，但是要付100%的钱，整个城市要为那个96%买了以后都会闲在那里的汽车去修建这么多停车场。真的有必要每个人都拥有一辆汽车吗？还是说按照使用付费就好，有滴滴这样的互联网平台去把现有存量的资源整合起来，能够把它闲置的时间拿出来分享给更多的人使用，降低了每一个人的成本，提高了整个城市资源的使用效率。

中国原来最缺的是信用体系，没有信用体系是不能要求人性的，只能靠大数据记录每一个次的行为，并且让每个人为自己的行为负责任，在任何地方的行为都是被大数据和互联网沉淀下来的，就像司机一样，原来绕一个路这个行为不被知道，因为体系不健全，所以会被纵容或者默许，但是大数据和信用体系一旦建立，会使得所有的行为被记录，被透明化，而且要为之负责任，整个社会的诚信体系就会变好，人性都是差不多的，我也不觉得西方人比中国人好在哪里，还是体系建设的问题。所以Airbnb、滴滴都是在资源瓶颈里面，需求又很多，打破了拥有的边界，开始把闲置资源利用起来，开始有了分享经济。

中国很有可能是全球分享经济的领军国度，工业时代并不是我们引领的，但是我们相信分享经济时代中国很有可能超过美国和欧洲，是因为原来中国的资源比他们更加瓶颈。我们还是以滴滴为例，Uber在美国并没有改变美国人出行的基本习惯，美国人出行还是自己开车为主，因为美国买车很便宜，油也很方便，自己开车出行只有7美金/次，但美国人力成本很高，司机很贵，打车成本大概要21美金/次，所以打车是自己开车3倍的成本，所以美国是没有钱的人自己开车的，有

钱了才雇一个人，不管出租车还是雇别人给你开。

Uber在美国出现之后把21块钱打到了14块钱，但是依然要比自己开车贵，因为Uber的司机也是很高的人工成本，所以整个北美的移动出行发展的比中国早两年，他们已经发展了6年。整个北美Uber和Lyft所有的公司加起来一天只服务了200多万人次，但是中国为什么只有4年不到的时间，一下子就有1300多万人次，而且增长速度远远高于美国，是因为中国的成本结构不同。中国是买车很贵，不管汽车购买的成本，各种各样手续的成本，还是以后使用被限制造成的成本，这个成本算下来，摊到每一次开的里面大概要花20美金，这个成本还在越来越往上涨。

我们相信随着拥堵费、停车费越来越贵，摇号越来越难，总有一天北京和上海的停车费会超过你开车去吃饭的钱，发现吃饭的钱还没有停车费贵，那就要想一想为什么要开车去吃饭了。大家不要笑，今天的曼哈顿、香港岛就是这样子，所以在中国买车出行是很贵的，出行一次的成本大概是20美金，但是滴滴只要4美金。

我们正在全力以赴推动电动汽车的发展。大家知道为什么中国电动汽车推动不起来？因为老百姓是很在乎车购买的价格的，而对于使用成本，用得不多所以并不是很敏感，但是对于我们而言，我们很在乎使用成本。所以我们有动力去推动电动车普及。刚刚在深圳，我们帮助比亚迪销售了将近1万台电动汽车给司机，我们希望未来滴滴网络内全职司机电动汽车占比超过5成。

无人驾驶，正是因为美国人工成本非常高，所以美国所有的顶级互联网公司都在全力投入无人驾驶，好像听起来还很遥远，但它很可

能会像AlphaGo一样会横空出世，突然有一天它告诉我们电脑下棋的水平已经超过了人脑，那一天起全世界的棋手可能都要失业了。同样也会有一天，我们听到美国或者欧洲有一辆电脑驾车的水平超过了人脑，开始有电脑能够模拟人的眼睛识别物体，开始有电脑比人脑更精准的判断，反应更快更稳定，不会疲劳驾驶也不会喝酒。

大家要知道Google研发的无人驾驶汽车，已经在路上开了100多万公里。没有几个人类能够开100万公里，有也都是出租车司机。Google还会不断累计，车也会越来越多，每一公里驾驶都会变成数据累计到电脑上面去，总有一天电脑超过了普通驾驶员的人脑，就像AlphaGo超过了李世石一样，一个新的时代就到来了。就是因为美国的人力成本太高了，所以他们有巨大的动力去推动这种变革，一旦技术变革以后在世界范围内就会普及，到时可能第三方出行的成本还会降低60%。

想一想，5年以后如果电动汽车和无人驾驶变成现实，我们叫一辆车和买一辆车有什么区别，你坐进去也是没有司机的，你为什么要买一辆车，买一辆服务你一个人，共享汽车一天可以服务30个人，你的成本是滴滴的30倍，你还要考虑停车、维修保养，所以我说，10年以后大家就会不再买车了，10年以后买一辆车就像今天我们买一匹马一样，变得非常奇怪。

很多人说我开车有驾驶乐趣，那还有赛马场，还有赛车场，想开去那里开就好了，我本人是没有驾照的，我觉得我也用不上了。所以我们能看到因为有了滴滴这样的出行方式出现，中国的城市白领购车的意愿在过去两年时间里下降了20%，这是麦肯锡的一份报告里的数据。如果说未来滴滴越来越稳定，能够保证一定叫到车，保证车一定

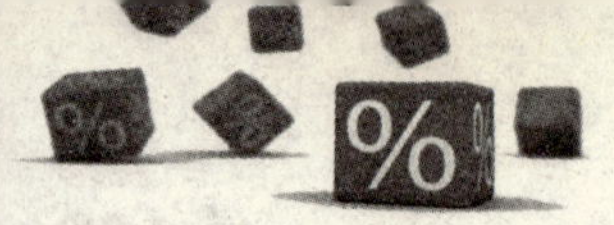

多长时间到，保证服务，我们会不断提高培训司机的服务水平，比自己开车体验要好得多，路上可以打电话处理事情，到地方不用停车，价格越来越便宜。大家会越来越多放弃拥有汽车，我相信这种趋势是必然的。

分享经济其实是你不需要再拥有汽车，我们相信10年以后，你家里不需要有几辆车，但是反过来拥有了所有的汽车，拥有了所有品类各种各样的汽车。我要去接领导的时候要有一个奥迪，甚至有一个奔驰S，按次数付费。年轻人接女朋友的时候，甚至可订一辆法拉利给她，拥有一辆法拉利需要500万，但你拥有一次500块可能就行，如果你腻了还可以换一辆玛莎拉蒂。周末的时候你想带全家出去玩的时候，你叫一个房车就好了，一般家里也不会买房车，你订一次也就一两千块钱，没有必要花一百万买一台。可能下一周你来北京或者去武汉或者去贵阳，你不可能在这些地方都有车，滴滴给你漫游，月底的时候我们跟联通电信一样，给你寄一个账单就好了，这个账单里写明你什么时候用了多少次，每一次都很便宜，加起来就是总费用，月底的时候信用卡付费就好了。所以你并不需要拥有汽车，但实际你又拥有了所有的汽车，你拥有了24小时永不休息的司机。

分享经济的发展还只是整个全球汽车产业第二次革命的开始而已。汽车行业面临巨大的变革，工业时代最后的壁垒就是汽车工业，所有的工业品都会被互联网，被智能设备逐步取代。大家看一看原来日本最大的企业是索尼，索尼做什么的，录音机、照相机、传统的功能手机，这些东西全部被一个叫苹果的智能手机打败了。诺基亚也是一样，整个欧洲最强大的手机工业企业，这些企业不是被一个传统工

业企业打败的，而都是被互联网公司、科技公司打败的。

美国所有顶尖的互联网公司都在做未来汽车，苹果在做汽车，特斯拉在做汽车，Google、Uber在做无人驾驶，他们相信颠覆这个行业的一定是像苹果一样的科技公司，会有一个互联网公司做一个未来的智能汽车出来。他们说未来的智能汽车首先是一个互联网汽车，是一个无人驾驶汽车，是一个电动汽车，是一个按需定制的汽车。他们跟我们讲的车，跟原来的汽车可能完全不一样了，为什么一定要往前开，他为什么不可以往后开，为什么不可以斜着开，为什么是轮车，为什么不是一个球，它的颠覆性和创造性已经跳出了原来的范畴。

大家觉得十年之内欧洲的传统汽车企业挡得住互联网汽车吗？我自己交流下来，我自己的感觉是挡不住，不在一个时代，不在一个考虑的维度上面。今天路上这么多汽车，这么多品牌，像不像iPhone出来之前，三星出来之前那么多的手机品牌，那么多的型号，那么多的功能，但都是最基础的电话和短信功能，你也干不了别的。它本质上还是一个通信硬件而已，跟今天的汽车很像，需要这么多品牌吗？需要这么多型号吗？它到底是一个软件还是一个硬件，这个界限是什么样的。

所以我相信这是一个互联网革命逐步替代工业革命的时代，这是一个不可逆的历史趋势。互联网汽车一定会打败所有的传统汽车。所以今天滴滴这种移动出行方式只是互联网出行的第一朵浪花，是整个汽车第二次革命的前奏而已，下一步就是分享汽车、智能汽车、无人驾驶。未来5年、10年时间里面我们看得见的技术进步都会改变这个世界，关键是今天中国有没有这样的机会抓住产业变革的机会，能够在

未来找到新的动力，我们是靠工业时代的产品去赢，还是靠互联网的创新去赢。

工业革命时代本质是机器替代人的体力，把人从体力劳动里面解放出来，互联网时代上半场结束了，下半场是人工智能。信息革命的本质是机器替代人的脑力，把人从未来越来越复杂的脑力劳动中替代出来。AlphaGo就是一个智力游戏被替代的结果，驾驶就是一个脑力劳动，后来会发现机器也可以做，它就会被替代出来。大家不要担心这些出现后有人会失业，工业革命的时候也担心，纺织机器出现后以后纺织工人怎么办，有了农用机械之后农民怎么办等等，这是一个必然的生产力发展和技术发展的趋势。

农业革命大概是3000年，工业革命是300年，互联网时代大概会是30到40年，已经过去一半了，上半场关键词是互联，就是终端的发展和人的互联。电脑就是一个终端，因为人和人是不能直接互联的，我们的脑电波还没有研究出来我可以直接和你链接。但是电脑和手机这种终端开始把人和人连接起来。人和商品互联有了淘宝，人和人互联有了微信，人和信息互联有了百度，人和交通工具互联有了滴滴，开始有大量的数据沉淀，因为人使用了就有数据，原来没有互联是不会有这些海量数据，也不会有云计算和人工智能基础。

互联网的下半场开始的时候，创业机会已经很少了，现在互联网创业也已经到了一个瓶颈，创业就跟买股票是一样的，在大家都买股票的时候就不应该买了，连大妈都在买股票就应该卖了，大家都不买的时候就应该买。

所以，互联网的上半场互联的机会，连接的机会已经过去了。下

半场就是人工智能，连完以后开始有了数据，开始有了计算能力，开始有了更先进的算法。人工智能是三件事情，第一件事情是算法，第二件事情是大规模的云计算能力，第三件事情是海量数据的沉淀。

未来在各个领域里面都会有垂直的电脑出现，20世纪40年代神经网络算法提出来，就是用电脑模拟人的脑神经。最近5到10年主要是因为计算能力的提高和大量数据的沉淀，今天AlphaGo的计算能力当于十几年前IBM森蓝的几千倍，AlphaGo大概有4000个GPU集群，它的计算能力已经远远超过了人能想象的极限，开始跟人下棋，后来把AlphaGo分成两个，左右互搏，大家知道周伯通吧，他经常自己跟自己过招，AlphaGo已经下了10万盘，一个正常的棋手一生也就下一千盘棋，所以它很快就超越了人类，这只是一个电脑在某一个领域里面超过人的案例，未来还会出现在很多新的领域，下一个领域可能就是无人驾驶，慢慢就出现一些智能终端在云端，开始去驱动所有的生态。

所以我想讲的是，今天我们刚好碰到了这么一个时代的大背景，作为滴滴而言，我们虽然有很多挑战，虽然也有很多压力，但是我们还是非常的庆幸，在这个时代里面我们能够有机会去挑战，如果今天我们不站出来挑战，也许未来我们只能用美国的技术。Google的无人驾驶技术是全世界最领先的，无人驾驶就是汽车的操作系统，之前电脑的操作系统是微软的，中国只能用他们的，还要付版权费，还有信息安全的问题，手机的操作系统是安卓和iOS，中国也没有，中国也做了，但都是在人家技术基础上的开发，所以对中国来说这些产业机会就没有了。

今天我们还只是一个创立四年的年轻的互联网公司，但是我们立

志有三个使命：第一个是让出行更美好，第二个是让司机受人尊敬，第三个是打造一家世界顶级的科技公司。我们投入研发最前沿的科技，我们开始在中国跟美国的企业竞争，也在全球竞争。之前这十几年发展，中国整体来说是守势，现在开始防守反击。之前中国能守住就不错了，基本上百度、阿里巴巴、腾讯都还在服务国内用户，国外还是很少有人用，还是被硅谷企业占领，现在我们尝试投资了美国、印度、东南亚的企业，我们也在投欧洲、南美洲这些地方的企业，我们发现只有技术进步才有可能走得出去。

原来在中国守住是靠本土化和政策优势，本土化就是中国的国情，你不懂，所以你没有我反应快，或者政策优势，我们有时间发展起来，但是核心能力如果不超过对方你是出不去的，到印度、东南亚就没有竞争力了。正是因为中国有这么多互联网公司成功了，所以有很多经验，很多人才被沉淀下来，也有很多的资本，我们开始有能力跟美国一线的公司竞争技术，之前是不敢想的。我们在全力以赴地从美国请很多科学家回来，我们发现工业时代不管是最强的公司还是国家，在全世界掠夺的都是矿产资源，在抢占石油，抢占各种金属矿产。

大数据互联网时代大家在抢的其实是智慧资源，你去看一看硅谷的互联网公司，不全是美国人，Airbnb、Uber有1/3是华人工程师，我们最优秀的年轻人到美国留学，北大清华最好的学生都去美国留学了，学成以后都留在了当地，这里面留在学校的那部分也都被互联网公司挖走了。我看到美国互联网公司里面，有非常多的印度人、华人、犹太人，都是最聪明的人去给美国的互联网公司打工，帮它研究

前沿的技术再来占领全球。

他们现在不再是在全球抢占矿产资源，而是抢占智慧资源。我们看到欧洲、日本、韩国这些地方有非常好的教育，但是没有互联网平台，没有互联网创业的基础条件，那里面的年轻人都进了互联网国际巨头的研究院，AlphaGo是剑桥大学里最优秀的人工智能和机器学习专家出来做的系统。被Google买了，所以也不是Google自己原创的。中国人在硅谷混的不是很好，印度人混的比中国人好，但是印度人在硅谷混得好，回到印度以后创业没有中国成功，这里面很有意思。

去年我跟习主席去美国参加中美互联网论坛，中美互联网巨头在一起开会。紧接着是印度总理莫迪去了硅谷，大概有5000个还是1万个印度人在迎接莫迪，场面壮观，“印度人正占领硅谷”，Google的CEO是印度人，微软的CEO是印度人，日本软银的CEO是印度人，但是他们给人家打工很厉害，回国创业就不行，所以也没有什么特别值得羡慕人家的。印度本土的互联网公司全面被美国打败，我们在国外不行，回来以后一定要守住本国市场，不断尝试走出去。

所以我们是看到这样一个信息革命和互联网发展的巨大的趋势，滴滴又正好处于这样一个分享经济的风口浪尖，虽然还有很多的挑战，虽然我们还是很年轻，但是我们还是有这样的决心，让出行更美好，让司机受人尊敬，打造一家世界顶级的科技公司。